KB265382

함께 그러나 다르게

동료효과

1판 1쇄 | 2013년 09월 30일
1판 2쇄 | 2014년 05월 15일

지은이 | 김대유
펴낸이 | 김경배
펴낸곳 | 시간여행
편 집 | 이융희·박영미
기 획 | 서정콘텐츠그룹
디자인 | 디자인 홍시
등 록 | 제313-210-125호 (2010년 4월 28일)
주 소 | 서울시 마포구 서교동 394-66 동우빌딩 3층
전 화 | 070-4032-3664
이메일 | jisubala@hanmail.net

종 이 | 화인페이퍼
인 쇄 | 한영문화사

ISBN 979-11-85346-00-7 03370

값은 뒤표지에 표기했습니다.
잘못된 책은 구입하신 서점에서 바꾸어 드립니다.

이 책의 국립중앙도서관 출판시도서목록(CIP)은 e-CIP 홈페이지(http://www.nl.go.kr/ecip)와
국가자료공동목록시스템(http://www.nl.go.kr/kolisnet)에서 이용하실 수 있습니다.
(CIP 제어번호: CIP2013018411)

함께 그러나 다르게

동료 효과

Peer Effect

김대유 교육 에세이

시간여행

아이가 행복한 학교를 위하여

아침이면 교실은 수녀복 같기도 하고 군복 같기도 한, 교복을 입은 아이들로 가득 차 있다. 아이들의 눈을 들여다본다. 졸음기 가득한 눈동자에 흐릿한 선생님의 모습이 담겨있다.

교복의 단순함은 눈에 쉽게 각인되는 모양이다. 순수하거나 잔인하고, 단순하거나 복잡하고, 화려하거나 은밀한 이미지를 구축하는데 교복은 시나리오의 동기Motive나 은밀한 배경으로 맞춤한가보다. 단순 무식함을 드러내고 지시와 복종을 합리화시키는 도구로 영화감독은 교복을 선택했다. 아이들에게 물어보고 한 것은 아니겠지만 그렇게들 교복을 즐겨 사용했다.

누가 뭐래도 대한민국은 중학생들의 나라다. 학교폭력의 대명사, 질풍노도의 시절, 무대책의 방황기, 불쑥 자살로 세상을 당혹스럽게 만드는 집단. 북에서 남침을 못하는 이유가 이 아이들이 무서워서란 풍문까지 돈다. 아이들은 날마다 어른이 없는 나라 네버랜드에 산다. 부모나 교사조차 이곳에 들어서긴 낯설다.

네버랜드에서 나는 20년을 넘게 아이들과 지냈다. 남녀 중고교에서 만났던 아이들의 눈망울 속에서 나의 꿈도 피고 지길 반복했다. 한창 사춘기를 보내는 그 아이들의 전뇌는 분홍빛으로 반짝이며 늘 성장통을 앓는다.

어른에 비해 공감력이 떨어지는 이 아이들은 단칸방처럼 좁게 보이는 교실을 60평 귀곡 산장처럼 넓게 보는가 하면, 보고자하는 시야와 듣고자 하는 귀 기울임이 넓지 못하다. 앞에 친구가 있으면 선생님이 자신을 보지도 못할뿐더러 짝꿍과 속닥거리는 소리도 듣지 못할 것이라고 착각한다.

보고 들으며 살아온 세월만큼 익숙해지는 것이 공감력이다. 그래서 사춘기를 넘기는 이 아이들의 마음은 때로 불안하고 정신은 늘 불온하다.

그렇다고 사춘기를 넘긴 대학생, 언니 오빠들은 행복할까? 안정을 누리는 청춘일까?

안타깝게도 그렇지 않다. 그들은 죽어라 공부해도 취업이 어렵다고 자조한다. 스펙Specification을 쌓기에 여념이 없다보니 부모의 주머니도 바닥이 났다. CCcampus couple들의 평균 수명은 6개월을 넘지 못한다. 공부에, 알바에, 연애할 시간도, 돈도 부족하다보니 CC들은 헤어질 일밖에 없다. 연애를 제대로 못하니 캠퍼스에 낭만이 사라졌다. 바늘귀 같은 취업이 무서워 서른 살이 되어도 졸업하지 않고 학교에 머무는 캠퍼스족 애늙은이가 늘어난다.

상대평가와 스펙에 묶인 청춘은 불우하다. 불우한 제자들은 교수들에게 지성을 기대하지 않는다. 전공서적 밑에 토익을 깔아놓고 공부하는 학생을 수업 시간에 꾸중할 수 있는 교수는 이제 남아있지 않다. 많은 젊은이들이 졸업을 하고도 결혼에 골인하지 못한다. 천신만고 끝에 결혼을 해도 가난을 핑계로 출산을 하지 않는다. 연애와 결혼, 출산을 포기한 젊은이들을 사람들은 삼포세대三暴世代라고 부른다.

나는 지난 8년을 캠퍼스에서 삼포세대와 더불어 살았다. 삼포세대와 살면서 내가 포기해야 할 것은, 진정 무엇인지 고민했다. 유치원생으로부터 대학생에 이르기까지 경쟁을 부추기는 교육이라는 괴물, 제자들의 행복한 미래를 위해 고민하지만 나는 한없이 작아질 뿐이다.

떠남과 단절로 대표된 나의 유년기와 청소년기도 그랬다. 무엇인가 스스로 하는 법을 배우지 못했으며 희망을 가지지도 못했다. 다행스럽게 고전 읽기 대회 입상과 훈민정음 외우기에서 공부에 대한 재미를 조금 맛보긴 했으나 이것이 나의 잃어버린 동심을 대신할 수 없었다.

초등학교 1학년 때부터 고등학교 3학년까지 나의 대통령은 오직 박정희 뿐이었고, 그 기간 동안 내가 이수한 국·영·수 과목 시수는 정규 수업시간만 모두 합치면 360학점을 넘었다. 요즘으로 치면 4년제 대학 3개를 졸업할 분량이다. 2013년 현재 우리나라의 초중고 학생이 고교 졸업 때까지 배우는 국·영·수 수업 분량과 거의 동일한 수치다. 세계 최다의 학습량이다. 교육은 그 때나 지금이나 아무것도 바뀌지 않았다.

자살하는 학생은 2012년 기준 연간 214명이고, 교장 승진의 엘리베이터라 불리는 장학사가 되기 위해 교육감에게 뇌물을 바치는 행위는 끊임없이 되풀이 되고 있다. 장관은 위장전입과 병역기피는 기본이고 숱한 뇌물 의혹과 비리 경험이 있어야 한다. 이런 현실에서 교육 개혁의 길을 찾고자 하는 것은 연목구어緣木求魚인지도 모른다.

교사가 다루는 사무 업무는, 일반 기업체가 전산화한 NEIS·에듀팟·업무포탈 등으로 분화하고 가중하면서 업무량을 3배로 늘

려놓았다. 교사는 지치고 학생은 버림받는데, 교육계는 나누고 가르는 일로 날밤을 지새운다. 보수 세력은 국제학교와 외고 등 귀족학교를 양산했고, 진보 세력은 교육비를 차별적으로 지원하여 혁신학교를 만들었다. 이명박 정권에서 이주호 장관은 진보 교육감을 탄압하기에 바빠 교육개혁을 미뤘고, 진보교육감은 장관에게 고소당하고 변론하는데 힘을 소진하여 학교현장의 참교육을 위한 변화를 도모하지 못했다. 학부모는 교육비가 땅 파면 나오는 것이 아닐진대 국민의 세금으로 특목고와 혁신학교를 편애하는 것은 무슨 까닭인지, 탄압하고 탄압받는다는 이유로 학교현장이 왜 방치되는지 알려고 하지 않았다.

다시 교육에게 희망의 길을 묻는다. 산불이 지나간 자리에 새싹이 돋듯, 교육에도 변화가 이루어질까?

저출산이라지만 해마다 새내기들이 학교에 입학하고 청소년 인권은 학생인권조례의 제정으로 이슈화되고 있으며, 정부는 '꿈과 끼가 있는 교육'의 실현을 강조하고 있다. 과연 교육에서 탕평은 이루어지고 공정한 교육이 실현될 수 있을까? 학교폭력으로 놀란 엄마들의 가슴은 진정될 수 있을까? 알 수 없다. 그러나 알 수 없다고 가야할 길을 포기할 수 없다.

이 책은 쉬운 문제들을 다루었지만 그 쉬운 것들이 미래를 암울하게 하는 현상을 보면서 나는 집필하는 내내 눈물이 났다. 교육계에 만연한 비효율적인 시스템, 복잡하게 얽힌 교육 갈등, 새 정부의 교육정책과 미래를 위해 반드시 혁신해야할 정책 대안 등을 다루면서 학생들의 순수한 사랑과 동료애를 통해 새로운 교육의 길을 걸어가길 희망해 본다. 또한 부록으로 미흡하지만 한국의 역대 교육부장관 53명의 공과를 분석해서 우리의 결정들이 역사가 되고 있음을 환기했으면 한다. 특히 이 모든 이야기 속에서 우리는 동료효과peer effect에 대하여 생각하는 시간을 가졌으면 한다. 함께 하는 교육 그러나 그 속에서 각자 다르게 성장할 수 있는 아이들이 행복한 학교를 꿈꾸어 본다.

2013년 癸未年 가을에

김대유 拜上

목 차

동료효과는 모범이 되는 동료를 자발적으로 따라하는 과정에서
그 동료의 행동 양식과 비슷해지는 현상을 말한다

_1부

서로를 웃게 하는 동료 효과

Peer Effect

아이들의 다양성을 이해하자

감성이 풍부하고 호기심이 많은 청소년은 무엇인가 모자란 시기이다.

슬픔과 사랑을 극대화하는가 하면 결단을 느리게 하는 일종의 사이코 상태이다. 말하자면 청소년 시기는 호기심 많고, 쉽게 슬퍼하거나 화를 내는 때이다. 아이들과 서로 다른 시선과 마인드를 우리는 교감해야 한다.

협력하고 공감하며 동료효과를 발휘하도록 해야 한다.

1장
그해,
겨울은 따뜻했네

여수 앞, 바닷가에 손양원 목사가 설립한 애양원이 있다. 이곳은 1,000여 명의 나환자들이 자급자족하며 살고 있는 자활촌이다. 나는 대학교 1학년 겨울방학 기간에 이순임 집사님의 도움을 얻어 애양원 방문일정을 잡았다. 편지를 주고받으며 알게 된 김재천 할아버지를 보고 싶었기 때문이다. 파스칼의 팡세를 좋아하던 19세 앳된 나이에, 나병을 앓아 평생을 애양원에서 머물고 있는 할아버지였다.

애양원을 방문하는 날, 하얀 눈이 천지에 가득했다. 마을에 들어서면서 마주치는 주민들에게서 독한 나병약 냄새가 풀풀 풍겨왔다. 손가락·발가락이 하나둘 사라지고 있거나 없는 사람도 있었다. 어떤 분은 병이 심화되어 실명 상태였다. 예쁜 여자아이나 나이 지긋한 어르신까지 마주치는 사람마다 왠지 나는 두려웠다.

할아버지 또한 손가락과 발가락이 성하지 않았고 실명된 상태였다. 할아버지는 나를 손자처럼 반겼지만, 내가 무서워하는 것을 아시는지 거리를 두고 떨어져 앉았다. 이런저런 얘기를 나누다가 할아버지가 기도를 해주시겠다며 나에게 기도제목을 물었다.

"목감기가 걸렸는데 잘 낫지 않아요."

할아버지가 우렁찬 목소리로 기도를 시작했다.

"하나님, 대유의 건강을 지켜주시고, 그의 가족들 건강도 지켜주세요……."

할아버지의 간절한 기도를 듣다가 나는 문득 가슴 저 밑바닥으로부터 치고 올라오는 그 무엇 때문에 부끄러워졌다. '눈도, 코도, 손가락도, 발가락도 없는 분이 이렇게 젊고 튼튼한 나를 위해 기도해주시다니…….' 나는 나도 모르게 할아버지에게 무릎걸음으로 다가가서 할아버지를 꼭 끌어안았다. 할아버지의 두 뺨에 볼을 부비며 눈물을 펑펑 흘렸다. 할아버지의 건강을 위해 울면서 기도했다. 시력을 상실한 마을 주민들이 주위에서 손가락이 떨어져 나간 손으로 박수 치며 우렁차게 찬송하고 있었다.

"세상사람 날 부러워 아니 하여도♬ 나도 세상 사람들 안 부러워해♪ ♪"

눈 내리는 애양원에서 울려 퍼지던 그들의 노랫소리를 나는 잊을 수가 없다. 손가락이 없는 뭉툭한 손바닥으로 딱딱치는 손뼉소리지만 성한 사람들 박수소리보다 몇 배 더 힘찬 그 박수소리가 나의 가슴에 콱 박혔던 기억이 지금도 생생하다.

자신들은 나병에 걸렸지만 오히려 그 때문에 성경속의 기도하는 레위인처럼 평생 이웃과 인류를 위해 기도할 수 있는 축복을 받았노라는 그 자부심에 가슴이 뭉클했다. 창세기 1장부터 요한계시록 마지막 장까지 언제 어디서나 원하는 구절을 암송하는 마을 주민들의 간절한 믿음이 경이로웠었다.

그들은 서로를 보듬어주었고, 높은 자존감으로 건강한 이방인을 위해 기도했으며, 무너지는 외모와 달리 속사람은 깨끗하고 순수했다. 고 이순임 집사님과 불편한 나환자들이 더불어 빚어낸 아름다운 동료효과의 결과물, 그것은 참사랑이었다.

그들이 꿈꾸었던 세계는 지금도 내 가슴 속에서 피어난다. 고통을 피하기보다는 정면으로 맞서서 그 아픔을 이겨나가던 애양원 사람들, 나병의 고통 속에서도 웃음을 잃지 않던 그분들이, 마침내 마을을 떠나는 내게 들려주었던 말씀은 '이웃을 사랑하라'였다. 언제 어디서나 힘들고 외로울 때면 그 해 겨울을 떠올린다.

교육 현장에서 제자에 대한 사랑이 고갈되어 영혼이 곤궁할 때면 참사랑이 충만했던 애양원을 떠올리게 된다. 가난하고 병약한 제자들을 볼 때마다 그 속사람에 깃들어 있을 건강하고 당당한 자존감을 가늠하게 된다. 아이들이 서로를 돌아보게 하고, 사랑하게 하고, 동료애를 갖게 해준다면 학교 또한, 아이들에게 천국이 될 것이다.

학생은 어떤 사람일까? 그들의 존재에 대해 고민했고, 그 고민은 후에 발도르프 교육을 통해 답을 얻게 되었다.

민주적이고 창의성 있는 교육으로 널리 알려진 발도르프 학교의 기본 이념은 '인간을 소중하게 다루는 것'과 '인간에 대한 바른 이해'다. 교육은 언제나 누군가를 진정으로 이해하고 사랑하기 위해 필요한 과정이어야 한다.

발도르프는 사람의 기질을 크게 4가지로 구분했다.

새로운 것에 대해 호기심이 많은 사람, 슬픔을 잘 느끼는 사람, 느린 사람, 화를 잘 내는 사람. 발도르프 교육은 아이들의 그런 기질과 환경, 신체조건 등을 보면서 어떻게 이를 온전하게 보완해줄까를 고민했다. 온전히 자기 자신으로 피어나는 아름다움을 스스로 발견할 수 있는 교육적 목표를 설정한 것이다.

고조선을 세운 선조들의 이념은 홍익인간弘益人間이다. 널리 인간을 이롭게 하자는 건국이념은 곧 발도르프 교육체계와 조금도 다르지 않다.

발도르프 교육을 얘기하자는 것이 아니다. 오늘날 한국의 학교들이 갖는 교육체계를 생각하면 참 우울하다. 발도로프 교육을 우리의 공교육 체계로 가져온들 토양이 달라서 말라죽을 판이다.

호기심 많은 아이는 내신 점수 따기에 실패할 것이고, 슬픔을 잘 느끼는 아이는 리더가 되기 어려우며, 느린 아이는 왕따가 되기 쉽고, 화를 잘 내는 아이는 학교폭력 가해자로 몰릴 것이다. 학교에서 생존하려면 공부를 잘하든지, 주먹이 세든지, 영어를 잘해야만

한다. 이도저도 아니면 그저 방관자로 겨우 하루를 버틸 뿐이다.

성장한다는 것은 일종의 사이코 상태를 의미한다. 어른이 보기에 완벽하지 않고 모자란 상태인 것이다. 청소년은 감성이 풍부하고 호기심이 많은 시기이다. 사이코 상태에서는 슬픔과 사랑이 극대화되고 반면에 결단은 느릴 수 있다. 말하자면 청소년 시기는 슬퍼하고 느리고 화내고 호기심 많은 때이다.

학창시절, 체험여행을 애양원으로 가게 되었던 것은 내 생애 최고의 선물이었다. 그 해 겨울은 나에게 참 따뜻했다.

01

지랄총량과
시월애十月愛

　가을이면 내 고향 뒷동산은 황금빛 잔디로 무성하다. 아이들은 총각 처녀가 몰래 주고받는 편지 심부름에 이골이 난다. 가을은 역시, 총각들의 연심戀心이 깊어지는 낭만의 계절이다. 시집 가버린 갑순이를 그리며 달 보고 우는 갑돌이의 심정은 얄궂다. 〈갑돌이와 갑순이〉는 『로미오와 줄리엣』으로 대변되는 서구의 사랑 이야기보다 훨씬 더 안타깝고 의뭉스런 은유metaphor다.

　사랑은 봄에만 달구란 법이 없다. 가을은 남성에게 부쩍 외로움이 증가하는 계절이다. 가을은 아픈 사랑의 계절이다. 사랑을 하는데 무슨 나이가 따로 있겠는가마는 청춘들에게 사랑은 더 심각한 인생의 주제다. 로미오와 줄리엣이나 이 도령과 성춘향은 십대들이다. 십대는 사랑할 나이다.

　지금 청소년들은 교실에 갇혀 묵묵히 입시공부에 전념하지만 생각해보면 그들이야말로 사랑을 노래할 나이이며 이성을 그리워할 시기이다. 그래서 시월十月에 사랑을 얘기하고, 십대들의 사랑을 생각하는 것은 매우 의미 있는 일이다.

사랑을 하면 왜 가슴이 아플까? 사랑이 무엇이기에 젊은이들은 달뜨고 노인들은 추억할까?

한자로 사랑愛은 손톱爪으로 제 머리를 쥐어뜯고 가슴心이 뒤집어진다는 뜻을 지녔다. 사랑은 눈물의 씨앗이다. 누군가를 사랑하면 설레는 것조차 아련히 아프다. 그러니 사랑이 끝난 자리에 결혼이 들어서면 당연히 가슴 대신 머리가 아픈 것이다.

쇼펜하우어는 사랑을 "Love is Pain", 고통이라고 했다. 첫사랑을 떠올려보자. 사랑하는 님에게 다가가기 위해 얼마나 날밤을 지새우며 괴로워했었는가. 머리를 쥐어뜯고 가슴이 무너져 내리는 불면의 밤을 보내지 않았다면 그건 사랑이 아니다.

사랑의 감정이 미처 오기 전이나, 무섭던 사랑이 지나가는 자리에 그리움이 내려앉는다. 오래된 사랑, 혹은 사랑 이전의 연심을 간직한 이들을 연인戀人이라고 한다. 그리움戀은 '서로가 남긴 사랑의 말言을 실絲로 꽁꽁 묶어 서로의 가슴心에 간직하는 일'이기 때문이다. 언제나 사랑은 뜨겁고 그리움은 그립다.

아이들에게 사랑과 그리움은 무엇일까?

하얀 교복을 입고 그림처럼 앉아서 EBS 방송교재를 풀고 있는 청춘들에게도 가슴 속에는 사랑과 그리움이 가득하다. 이 시기에 사랑과 그리움을 느끼지 못하고 산다면, 사랑연습을 하지 못하고 자란다면, 이 과정을 생략한 채 성장해서 어른이 된다면 이들은 참 불편한 사랑을 해야 할 것이다.

사춘기에 접어든, 그러나 어엿하게 새파란 이팔청춘인 중·고등학생들의 처지도 그에 못지않다.

이성교제하면 처벌받는 선도규정이 학교마다 즐비하고, 가장 즐겨보는 텔레비전 프로는 〈사랑과 전쟁〉이라는 불륜 드라마이다. 십대의 성문화를 그린 〈아메리칸 파이〉 같은 성장통成長痛 드라마는 꿈도 못 꿀 땅에서 학생들은 연애 대신 야동에 물들고 사랑하면 죽는다는 메시지에 날마다 질식당한다. 무지막지한 스펙 쌓기로 날밤을 새고 어학연수 다니느라 도통 연애할 시간도 여유도 없는 한국의 젊은이들은 동정同情받아 마땅하다.

연애戀愛는 늘 불멸의 언어다. 그러나 안타깝게도 요즘의 젊은 세대를, 연애와 결혼과 출산을 포기暴棄한 삼포三暴세대라고 부른다.

별난 짓을 우리는 속된 말로 '지랄 맞다'고 한다.

지랄은 마구 어수선하게 떠들거나 함부로 분별없이 하는 행동을 이르는 말이다. 사춘기의 일탈과 40대의 탈선을 뭉뚱그려서 '지랄'이라고 표현하면 그 어감이 참 다르지 않다. 어차피 인간에게는 평생 꼭 부려야 할 '지랄'의 총량이 내재되어 있고, 그 지랄이 어떤 형식으로든 적정기인 사춘기에 분출되지 못하면, 잠재되어 있던 이 '지랄'은 언젠가 터진다고 심리학자들은 말한다.

가끔, 일생을 범생이로 살던 사회 상류층 인사가 백화점에서 물건을 훔치는 기이한 행동을, 해외 토픽에서 본다. 어릴 때 못 부린 지랄이 내재되어 있다가 늘그막에 빵 터진 경우다.

최근 500년, 한국 역사는 유교를 종교로 삼고 성리학을 이데올로기로 삼았다. 우리의 60년 교육은 효와 충이라는 미명 아래 민족교육을 강화하면서 다문화를 부정했으며 초중고와 대학은 식민지시절 배운 교육의 잔재를 청산하지 못했다.

오늘날 청소년들에게 유교적 이데올로기는 사교육과 스펙을 강화하는 수단으로 활용되었다. 이성교제와 사랑의 감정은 선도규정의 금지 사항이고, 연애의 완결된 이미지는 결혼으로 막을 내려야 하는 것이며, 결혼 너머의 사랑은 불륜뿐이라는 드라마의 교훈에 압도당한다. 연애의 의미는 퇴색하고 성에 대한 호기심은 이리저리 흩어져서 제 각각이다.

한국의 4,50대 성범죄율이 세계에서 가장 높은 이유가 다 여기에 있는 것이다. 청소년기에 누려야 할 자유분방한 지랄이 억제되어 있다가 어른이 되어서야 기어코 분출되는 것이다.

미국 드라마 〈아메리칸 파이〉를 보면 십대들의 '지랄'이 총천연색으로 펼쳐진다. 그 연장선상에서 성인 드라마 〈위기의 주부들〉은 이유 있는 치명적인 여자Femme Fatale 바이러스를 유포한다. 〈아메리칸 파이〉가 없었다면 〈위기의 주부〉가 어떻게 존재할 수 있었겠는가? 강남 스타일로 빌보드 차트의 정상에 오른 싸이가 자신의 음악성을 B급에 비유하며 겸손과 여유로 미국 팬들을 사로잡은 것도 어쩌면 마약에 빠졌던 젊은 날의 성장통이 있었기에 가능한 일이었을 것이다. 이래저래 한국의 청소년은 불쌍하다.

사랑의 문화는 하루아침에 만들어지는 것이 아니다. 인간의 성장통을 포용하고, 그 지랄을 건강하게 흐르도록 해주는 사회적 배려와 이데올로기가 뒷받침되어야 한다.

청소년에게 사랑은 무엇일까? 어른들은 청소년에게 가능한 연애의 최소량과 최대치를 제도로 보장해줄 수 있을까?

어릴 때는 병영 같은 학교에서 영화 〈말죽거리 잔혹사〉처럼 짓밟히고, 〈건축학개론〉의 장면에서는 첫사랑마저 스스로 거부당한 자아를 끌어안고 끙끙거리는 청춘들과 노후의 연금마저 자식들에게 저당 잡힌 이 시대의 4, 50대들에게 마음의 여유가 남아 있을까?

그래도 나는 꿈을 꾼다. 학생들이 〈사랑과 전쟁〉 대신 〈코리안 파이〉를 보고, 엄마들이 〈위기의 주부들〉 대신 한국판 〈위기의 남편들〉을 볼 수 있는 세상을. 학생 인권이 신장되어 중고등학교의 학칙에 휴학의 조건으로 낙태와 출산 그리고 육아가 보장되는 세상을. 이렇게 말한다고 해서, '헉! 낙태가 뭐 어쩌고 어째!'하면서 시시콜콜 따지지 마시라. 이러한 주제를 토론해보자는 이야기일 뿐이다. 우리가 말로만 청소년을 사랑하자고 할 것이 아니라 그들의 가장 큰 고민이자 현재 진행형인 사랑에 대해 함께 응시하고 고민하자는 것이다.

청소년 시기에 이성을 그리워하고 사랑하는 법을 배우도록 하지 않는 국가는 성숙한 문화를 만들어내기 힘들다. 사랑을 배우지 않고 성장한 어른에게 사랑은 나눔과 소통이 아니라 소유와 대립이다. 사랑이 풍부한 사회는 문화가 융성하지만 사랑이 없는 사회는 미개하고 야만인 사회가 된다.

그렇다. 누가 뭐래도 이제는 청소년들이 사랑하게 하자. 최소치로 이성을 그리워하게 하고 최대치로 연애하게 하자. 청소년들이 졸업파티에 사랑하는 파트너를 데려오게 하자. 우리 청소년들에게 총천연색의 연애를 그릴 수 있는 성장통을 경험하도록 배려해주자. 낙태를 하든, 출산을 하든, 어른들이 올바로 교육하고 따스하게 받아 안아줄 수 있는 교육복지 제도와 학칙을 마련했으면 좋겠다.

사춘기의 지랄을 마음껏 떨게 하여, 그리하여 이 청춘들이 기성세대와 달리 마음 넉넉하고 문화적인 여유를 지닌 멋진 어른으로 성장했으면 좋겠다. 싸이의 노래가 빌보드 차트 순위에 올랐다고 좋아할 것이 아니라 우리 청소년들이 빌보드 차트에서 다양하게 활동하는 그런 문화적 토양을 형성해 줄 의무가 우리 어른들에게 있는 것이 아닌가? 시월에, 시월애+月愛를 생각한다.

다름에는
당당함으로

핸드폰이 또 울린다. 순간, 함수를 정리하던 조 선생의 얼굴이 일그러지면서 교실에 긴장감이 흐른다.

"언놈이야, 빨리나와!"

버텨 보았자 승부는 뻔하다. 백기를 든 태정이는 벌칙으로 핸드폰을 입에 물고 한 시간 동안 핸드폰과 인생살이의 함수관계를 생각해야 했다.

첫 담임을 맡은 이 선생은 부적응아의 일탈행위를 예방하는 차원으로 핸드폰을 회수하여 보관하는 것을 생활지도의 비결로 삼고 있다. 유 선생은 학생으로부터 핸드폰을 빼앗으면 무조건 3개월을 책상서랍에 넣고 돌려주지 않는다. 학부모도 오십보백보다. 자녀의 성적이 떨어진다거나 의사소통에 장애가 생기면 흔히 자녀의 핸드폰을 압수한다.

핸드폰을 두고 교사와 학부모는 아이들과 갈등한다.

핸드폰을 소지한 학생이 급격하게 늘면서 교실에서 발생하는 소음, 쓸데없는 수다스러움, 수상쩍은 폰팅 등으로 인해 수업을 진행하는 교사는 어려움을 겪고 있다. 스마트폰이 나온 요즘은 그 현상이 더 심화되었다. 가끔, 스마트폰을 빼앗아 보관하던 선생님이 폰을 잃어버리면 학부모가 변상하라고 요구해서 불미스러운 일이 발생하기도 한다. 어떤 교사는 수거한 핸드폰을 모아 놓은 가방을 잃어버려서 차를 팔아 변상하기도 했다. 이런 저런 이유로 핸드폰은 어른들에게 애물단지가 되었고, 그럴수록 아이들은 핸드폰에 대한 집착을 버리지 못한다. 학생들 사이에 핸드폰은 개개인의 삶과 생활에 대단히 밀착되어있다.

"핸드폰이 생활지도에 도움이 된다?"

"핸드폰은 탈선의 도구다?"

그럼에도 학생들의 핸드폰 사용에 대해 사방에서 갑론을박이 벌어지고 있다. 이제 학생들의 핸드폰 사용에 대한 명확한 관점을 세워야할 때다.

우습지만 핸드폰 그 자체에는 죄가 없다. 어떤 이유로든 아이들이 핸드폰을 사용하는 것 자체만으로 문제가 될 것은 없다. 만약 핸드폰이 소음을 일으키거나 탈선의 매개가 된다면 학생들에게 핸드폰을 올바르게 사용하도록 사용 방법을 교정하면 될 일이다.

다양한 청소년 문화에서 핸드폰은 주요한 부분으로 자리 잡고 있다. 핸드폰을 학생들에게서 분리하는 방법은 문제해결에 조금도 도움이 되지 못한다. 오히려 학생들에게 반감만 키울 뿐이다. 핸드폰 때문에 아이들을 무조건 억압하는 것은 옳지 않다. 무조건 통제하고 억압해야 할 대상이 학생이 되어서는 안 된다.

요즘은 IT수업의 방편으로 스마트폰을 활용하기도 한다. 어떤 학교는 스마트폰을 친구 맺기와 모둠활동, 개별 실시간 상담의 도구로 이용한다. 핸드폰을 획일적인 통제의 수단으로 볼 것이냐 다양성의 한 갈래로 인정할 것이냐는 어른들의 선택이다. 만약 일정 부분 핸드폰 사용을 제한하고 싶다면 교사, 학부모, 학생들이 머리를 맞대고 타당한 이유를 들어 학칙에 명문화하고 시행하면 된다.

1989년 11월 20일 유엔이 발표한 어린이·청소년의 권리에 관한 국제 조약 제16조 [사생활의 보호]에서 "아이는 사생활, 가족 또는 통신에 대하여 자의적이거나 위법적인 간섭을 받지 아니하며, 그러한 간섭으로부터 법의 보호를 받을 권리를 가진다."고 선언했다.

타인의 다양성을 인정하려면 먼저 수용성이 있어야 하고, 그 수용성은 스스로를 소중히 여기는 당당함에서 우러나오는 것이 아닐까?

수업을 들어가면 학생들의 시선은 온통 교단에 선 선생에게 몰려 든다

"앉은키나 선키나 마찬가지네요. 선생님, 키 크는 약 좀 드세요."

"선생님, 우유 드세요. 키 클 수 있어요."

키가 작거나 좀 뚱뚱하기만 해도 혹은 어쩌다 튀는 옷만 입어도 교사는 아이들에게 시달린다. 일일이 반응을 보이자니 짜증스럽고, 못 들은 척하자니 자존심이 상한다.

그렇다고 이미 작은 키를 하루아침에 늘릴 수도 없고, 낙엽만 굴러가도 깔깔 웃는 아이들을 붙잡고 시시콜콜 '선생님의 인권을 침해하지 말라.'고 윽박지를 수 없는 노릇이다. 작은 키 때문에 늘 놀림 받는 나는 고민 끝에 아이들에게 배수진을 친다.

"내 신장은 158.9Cm다. 몸무게는 62Kg이고 성격은 몹시 사납다. 몸집은 보는 것처럼 왜소하지만 교내 체육대회에서 교사 달리기는 꼬박 일등을 한다. 이상 질문 있는 놈?"

나는 아예 수업 첫 시간부터 아이들에게 선제공격을 한다. 칠판에 신장과 몸무게를 적어 놓고 오히려 키가 작아서 고민인 아이를 나오게 해서 나와 신장을 잰다.

"내가 너보다 작구나? "

키가 작아도 사회생활을 하는데 아무런 지장이 없다고 하면서 능청을 떤다. 때로는 복도를 지나가는 내 뒤로 제자가 살며시 다가와 키를 재 보고는 '야호! 내가 조금 더 크다'고 환호성을 지르며 도망친다. 키가 작은 아이에게 나는 존재하는 것만으로도 유쾌한 희망이다.

어느 날, 제자에게 선물 받은 발가락 다섯 개짜리 면양말을 신고 나는 출근했다.

"웬 발 장갑인가? 보기 흉하구먼."

아니나 다를까. 교무실에서 좀 다른 꼴을 도무지 참지 못하는 옆 자리의 선생님이 먼저 시비를 건다. 수업을 들어가는 교실마다 제자들이 웃음바다를 만든다. 곁눈질하며 키득거리는 제자, 소문을 듣고 내가 신은 발가락 양말을 구경하려고 교무실 앞을 기웃거리는 제자들, 수업을 진행하던 나는 웃음을 참느라 기괴한 표정을 짓고 있는 제자들을 보다가 드디어 인내심의 한계에 도달해서 일을 저질렀다.

"관찰 시간, 웃는 시간 합쳐서 30초를 주겠다. 이후로 웃는 사람은 바보다."

들어가는 학급마다 의기양양하게 발을 교탁 위에 올려놓고 먼저 씩 웃는다. 나의 넉살에 아이들은 한바탕 웃음을 쏟아 낸 뒤 교실은 일순, 조용해졌다. 그러나 곧 신뢰가 담긴 미소가 교실에 넘친다.

눈치보고 체면 따지는 이중의 가치를 심리학 용어로 페르소나 Persona라고 한다. 우리 사회는 페르소나가 강한 사회다.

정부에서 정해준 획일적인 교육과정에 따라 시간표를 짜야하고, 전국의 모든 학생들이 똑같은 규격의 학급 교실에서 모두 엇비슷한 교복을 입고, 하루 종일 붙박이로 생활하는 우리나라 아이들에게 개성과 독립은 치명적인 주홍글씨이다.

사과상자 같은 학교 사회에서 좀 작은 키는 숨아내야 할 대상이고 발가락 양말은 천박한 개성으로 취급받을 수밖에 없다. 1등은 당연히 강자이고 1등 밑으로는 모두 바보이며 패배자인 세상에서 좀 다른 것은 용납할 수 없는 금기Taboo다.

자신이 사용하는 양말과 다른 나의 발가락 양말을 학생들에게 당당하게 드러냈을 때 학생들은 미소를 짓고 다름에 대해 인정했다. 다름을 '함께 그러나 다르게' 볼 수 있는 시선을 갖게 하는 것, 교사 스스로 관습과 제도에서 자유로워지는 것, 생활지도의 멋은 그렇게 발가락 양말 끝에도 있었다.

03

중독과 탈선의
올바른 치유

중학교 2학년인 혜정이는 밤마다 엄마와 소리없는 전쟁을 벌인다. 컴퓨터 때문이다.

혜정이는 하루도 빼놓지 않고 컴퓨터 앞에 앉아 키득거린다. 인소(인터넷 단편소설)를 쓰거나 읽고, 채팅하느라 바쁘다. 엄마는 딸이 하는 짓이 꼴불견이지만, '하지 말라'고 지적을 하면 즉시 튀어나올 고함이 싫어서 꾹꾹 참는다. 중학교 3학년인 영구는 새벽 4시까지 게임을 즐기다가 학교에 가면 종일 잠을 잔다.

어린 사람일수록 중독은 강렬하게 작용해서 한번 빠지면 좀처럼 헤어 나오기 어렵다.

부모의 훈계는 아이에게 참견하지 말라는 벽만 두껍게 쌓이게 할 뿐이다. 교사들도 약간의 틈새만 보이면 컴퓨터와 연결된 모니터를 켜서 각종 TV 프로그램을 시청하자고 졸라대는 제자들 때문에 화가 치민다.

도대체 어디에서부터 잘못된 것인지 고민스럽다. 패닉 현상과 TV 드라마 중독, 컴퓨터의 마력은 이미 아이들의 일상을 단절시키는 매개로 작용하고 있다. 스마트폰이 그 현상을 더욱 부채질하고 있다. 하루에 두세 시간씩 컴퓨터 책상에 앉아 게임이나 온라인에 몰두하는 중고생이 절반 이상이다. 그로 인해 규칙적인 습관이 무너지고 학습장애를 초래하는 일이 빈번하다. 교사나 부모가 인지한다 해도 그것이 전반적인 문화현상으로 자리 잡고 있는 이상 강력하게 통제하기도 어렵다.

한국인의 핸드폰 소지율은 세계 1위이다.

교육부 통계(2013. 7)에 따르면 우리나라 초중고 학생 10명 중 1.4명이 스마트폰 중독에 빠졌다고 한다. 잠시도 핸드폰이 수중에 없으면 불안 증세를 느끼는 내성 중독자가 3만 9천명이다. 오죽하면 외신은 "한국 학생들은 하루 종일 교실에서 앉아 있다가 집에 가면 또 컴퓨터 통신에 빠져 밤늦게 불특정 다수와 온라인 게임을 한다. 이러한 현상은 인간관계를 소외시키고 현실과 비현실의 구분을 어렵게 만들어 점차 좀비처럼 변하게 한다."고 표현했을까.

학생들이 좀비라니, 끔찍한 말이다.

외국인의 눈에 비친 한국 학생들의 모습이 좀비 같다는 표현은 21세기를 사는 우리 부모와 교사에게 시사하는 바가 크다. 이는 한국의 학생들에게는 공부와 게임 이외의 문화가 존재하지 않는다는 뜻이다.

공부도 합리적이고 재미있는 영역이 아니라 등급별 내신제로 친구를 이겨야 하는 살인적 경쟁도구이고, 게임 역시 죽이고 쏘는 가상의 살인도구일 뿐이다. 눈을 반쯤 뜬 채로 죽이고 깨부수는 일상을 사는 것이다. 학생에게 게임이나 채팅은 또래 문화도, 졸업 파티도 없는 무미건조한 인생의 시기를 메우게 해주는 구원자인 셈이다.

학생들의 인터넷 중독을 해결해줄 수 있는 방법은 없는 것일까?

혜정이처럼 인터넷 중독에 빠진 학생들은 자신의 힘으로 헤어 나오기가 어렵다. 컴퓨터, TV, 스마트폰 같은 미디어에 관한 교육이 필요하다. 교사와 학부모가 가정과 학교에서 연계하여 교육할 수 있는 방법은 없을까?

첫째, 인터넷에 대한 인식을 바꾸어주어야 한다.

게임이나 오락성에 빠지게 되면 미디어를 생산한 자본의 이익에 이용당한다는 사실을 깨닫게 해주어 스스로 자만심에 빠져 자신이 미디어의 주인공이라는 착각에서 헤어 나오게 해야 한다. 이 부분은 교사의 정보교육에서 해결해야 할 문제다.

둘째, 미디어를 알기 쉽게 분석한 책들을 권장한다.

스타의 이면적인 삶과 대중문화의 맹점을 재미있고 알기 쉽게 설명한 예쁜 책자를 골라서 사주고 함께 읽는다. 스마트폰이나 인터넷 게임 중 학습이나 교양과 관련한 것을 권하고 손에 익히면 칭찬 등 보상을 해준다.

셋째, 스킨십이 필요하다.

헬스클럽을 등록하여 자녀와 함께 운동을 하는 것도 좋은 방법이다. 몸으로 함께 할 수 있는 프로그램이 필요하다. 아빠가 좀 일찍 귀가하여 자녀와 함께 미디어를 시청하고 다루는 습관을 들이면 더할 나위 없는 가르침이 될 것이다.

요즘 부모의 또 다른 고민은 중독에 이어 '탈선'이다. 어린 자녀의 탈선은 간단치가 않다. 동기와 배경을 잘 살펴보지 않으면 그저 자녀의 나쁜 버릇으로만 규정하여 해결을 더 어렵게 한다. 사례를 하나 살펴보자.

중학교 1학년 혜미는 '원조교제'라는 미명 하에 매매춘을 했다. 낯모르는 아저씨에게 두 차례나 몸을 팔고 30만원을 받았다. 그러나 사실은 강간을 당한 것이다.

몸을 팔고 받은 돈은 고스란히 매춘을 시킨 친구들 손에 들어갔다. 인터넷에 원조교제 매춘을 하겠다는 의사를 밝히고, 그에 응한 아저씨를 소개한 친구들은 혜미의 몸을 팔고 받은 30만원의 화대를 몽땅 챙겼다.

혜미가 함정에 빠진 것은 컴퓨터 때문이다. 자신의 집에 있는 컴퓨터가 고장 나서 사용할 수 없게 된 혜미는 친구 향단이네 집에 가서 컴퓨터 통신을 했다. 그런데 공교롭게도 사용하던 중에 컴퓨터가 다운되었고, 그 책임은 혜미에게 돌아갔다. 수리를 하려면 15만원이 필요했다.

저녁식사를 하면서 혜미는 엄마와 아빠를 흘끔흘끔 쳐다보며 조심스럽게 컴퓨터 수리비 얘기를 꺼냈다. 무심코 듣고 있던 아빠가 벌컥 화를 냈다.

"그건 네 책임이 아니야, 어떻게 컴퓨터가 정상적으로 사용하던 중에 고장이 나니? 어차피 망가져 있던 것이 틀림없다. 수리비 15만원도 향단이가 뒤집어씌운 거야. 그 애는 정말 질이 나쁜 아이구나. 넌 그냥 있어. 돈 줄 필요 없다."

"엄마가 뭐라고 했니? 향단이 같은 나쁜 친구는 사귀지 말라고 했잖아. 왜 또 그 애랑 어울리니? 하라는 공부는 안하고 향단이네 집에까지 가서 컴퓨터를 해? 내가 못살아."

혜미는 부모의 꾸중 앞에 정신이 아득해졌다. 자책감은 깊어졌고, 깊은 절망은 가출로 이어졌다. 결국 혜미는 향단이가 아는 오빠들에게 컴퓨터 수리비를 벌어오라는 협박을 당했고, 부모에게 외면당한 혜미는 매춘을 할 수 밖에 없었다. 잦은 가출과 매매춘, 시도 때도 없는 이성교제로 혜미는 두 번이나 낙태를 했다.

혜미의 부모님은 신중하지 못했다. 컴퓨터 수리비용을 요청받았을 때, 부모님은 동기가 무엇인지 파악하고 자녀의 행동 결과에 대해 책임져주어야 했다.

　부모님은 돈을 달라는 동기motive에 대해서는 올바른 판단을 했으면서도, 결과 즉 돈 문제에 이르러서는 나 몰라라 한 것이다. 동기를 파악하고 교육적 훈계를 했으면, 향단이네 부모님과 전화통화를 하여 어떻게든 결과에 대해 책임을 지는 자세를 보여주었어야 했다.

　자녀 상담에서 '완결구조'는 그래서 중요하다. 무엇이든 자녀가 문제를 제기하면 그 문제에 대해 최종적인 답을 해주어야 한다. 혜미의 부모님은 답변으로 돈을 주든지 돈을 못주면 못주는 상태에서 그 문제의 해결자가 되었어야 옳았다.

　학생은 아직 보호의 대상이다. 모든 문제의 동기와 결과를 학생 본인에게 묻는 것은 무책임한 행동이다. 탈선을 할 수 밖에 없는 동기와 환경을 따져보고 그 동기와 환경에 어른의 잘못이 있었다면 어른부터 반성해야 문제가 풀린다. 자녀상담의 완결구조란 예스든 노든 상대방이 수용할 수 있는 답을 주어야 한다. 10대에 학교폭력 가해자 경험을 한 학생들이 20대로 성장하면서 90% 이상 전과자가 된다는 종단연구의 결과를 보면 안타까운 일이다.

04

함께 한다는 자각,
동료애

청소년들에게 친구는 매우 중요한 존재이다.

교실에는 친한 친구friend와 친하지는 않지만 뭐든 함께 하는 동료peer가 있다. 친구를 통해서는 프랜드십을 익히고 동료를 통해서는 구성원의 협력이 무엇인지 배운다. 학교의 존재 이유는 스터디보다 오히려 친구 맺기와 동료애에 있다고 해도 과언이 아니다.

정미가 또 가출했다. 가정방문을 해 보았으나 정미를 찾을 방법을 찾지 못했다.

중학교 2학년 학생들이 저지를 수 있는 일탈을 정미는 이미 두루 섭렵한 상태였다. 학교폭력으로 생활지도부의 단골손님이 되었고, 지나친 음주와 흡연으로 건강도 나빠져 있었다. 이번 가출은 정미가 다시 학교로 돌아오기 어렵다는 생각까지 들게 했다. 습관성 가출은 탈학교로 이어지기 일쑤이기 때문이다.

정미의 가출로 애가 타는 것은 담임이지, 아이들이 아니다. 아이들에게 정미는 불편한 존재일 뿐이었다. 사고만 치는 정미를 좋아하는 학급 친구는 한 명도 없었다. 하지만 이번에는 담임 혼자서 찾으려고 뛰어다니지 않았다. 대신 칠판에 7일이라는 한시적 D-day를 게시하고 카운트다운을 시작했다. 7일 안에 정미를 찾지 못하면 포기한다는 뜻이다.

7일차. 학생들은 무관심했다.

6일차. 다솜이를 비롯해 4명의 친구들이 '정미 찾기 모둠'을 구성했다. 학생들의 눈빛에 조금 호기심이 비쳤다.

5일차. 그들이 다른 학급을 기웃거리며 정미의 가출 흔적을 더듬기 시작했다. 가정방문을 하는 눈치다.

4일차. 정미의 이웃 학교 친구들을 추적한 모양이다. 다른 학생들은 슬쩍슬쩍 모둠의 활동을 훔쳐본다.

3일차. 아직 정미의 그림자도 찾지 못했는데 모둠은 어느새 지쳐 보인다. 이제 뭔가를 결단해야 하는 시기가 온 것 같다.

2일차. 모둠은 아이들에게 실패를 보고해야만 했다. 엷은 기대감으로 들떠 있던 분위기가 착 가라앉았다. '그러면 그렇지!' 하는 표정들이다.

그 때 다솜이가 당차게 고개를 들어 '정미를 찾기 위한 기도 릴

레이 편성'을 제안했다. 곧 기도 모임은 종교별로 짜여졌다. 기독교, 천주교, 불교, 토테미즘에 이르기까지 기도조가 만들어졌다. D-day도 3일 더 연장했다. 3일이 지났다. 그래도 정미는 돌아오지 않았다. 열흘째 날에 담임은 '포기 선언'을 했다. 아무 관심도 주지 않았던 학생들의 눈빛에 말할 수 없는 아쉬움과 섭섭함이 어렸다. 과정을 함께 한 자들만 느낄 수 있는 공감대 형성이었다.

포기 선언이 있은 다음 날, 정미는 돌아왔다. 절망 끝에 찾아 온 희망이었다. 친구들은 환호하면서 정미를 따뜻하게 맞이했다.

학급의 달라진 분위기에 정미는 긴장한다.

잔잔하지만 깊은 애정이 담긴 친구들의 관심, 칠판에 벌로 쓰는 '오늘의 명언'에 분홍색 분필로 별표를 해주는 아이들. 정미는 친구들의 동료애 때문에 자신의 자리에 언제 그랬냐는 듯 돌아올 수 있었다. 함께 하는 학급친구들의 사랑으로 한겨울에도 깊은 우물처럼 따뜻한 온기를 유지할 수 있었다.

보라는 대인관계 형성 능력social skill 이 부족하다.

수업 중에 눈이라도 마주치면 초점 없는 눈길로 마냥 바라보다가 그만 웃는다. 아무 말도 없이 온종일 앉아있다가 어느 때고 슬그머니 일어나서 집에 가 버려 담임선생 속을 있는 대로 태우기도 한다. 정상적인 학교생활이 불가능하지만, 보라의 병은 한마디로 애매했다. 마땅히 수용할 병원이나 시설이 없는 형편이었다. 담임

선생님은 눈물을 흘리며 선처를 부탁하는 어머니 때문에 어쩌지도 못하고 보라를 학급에 머물러 있게 한 터였다.

보라의 행동이 처음에는 황당했으나 학생들은 보라의 병을 알고 난 후, 공동체의 일원으로 받아들였다.

학급 친구들이 '보라 돌봄 모둠'을 만들었다. 자원자들이 한 달에 한 번씩 짝이 되어 보라의 학교생활을 챙겨주었다. 이동수업 때는 아기 다루듯 데리고 다니고, 필요할 때마다 집에 전화해주고, 영문을 몰라 체벌하려는 선생님에겐 상황 설명을 하며 보라를 돌보았다. 보라는 어느덧 표나지 않는 우리 반의 일상이 되었다.

봄방학이 시작되는 종업식 날, 학생들은 새학기 소원을 함께 나누는 시간을 가졌다.

"날씬해지고 싶어요."

"아빠 사랑을 듬뿍 받았으면 좋겠어요."

"첫사랑을 만들고 싶어요."

재잘거리며 늘어놓는 학생들의 소원이 고만고만하여 웃음을 자아내게 한다. 학생들은 친구의 소원을 들으면서 장난이 바쁘다.

"빨리 병이 낫고 싶어요."

들릴락 말락 속삭이는 보라의 새 학기 소원은 친구들의 얼굴에서 일순 웃음을 거두게 했다.

친구들에게 보라는 어디까지나 환자였다. 살펴주어야 할 대상일 뿐이었다. 그렇게 잊힌 존재로 인식되었던 보라가 '빨리 병이 낫고 싶다'고 했을 때 아이들은 전기에 감전된 듯 새삼 놀라서 보라를 쳐다보았다.

시도 때도 없이 웃기나 하고, 말도 없고, 자의식도 사라져 버린 줄 알았는데 사실은 속 깊이 자신의 병과 끊임없이 싸우며 고민하고 아파하고 있었음을 그제야 학생들은 깨닫는다. 1년을 함께, 한 교실에서 살았으면서도 아이들은 보라의 겉만 보았지 속마음을 조금도 모르고 있었던 것이다.

그 날, 그 자리에서 보라는 친구들의 박수 장단에 맞춰 〈섬집 아기〉를 열심히 불렀다.

학생들은 이 사회가 걱정하는 만큼 타락하지 않았고, 도덕성이 결여되지도 않았다. 다만 이따금 어른들이 만들어 놓은 잘못된 문화의 피해자가 되고, 왕따의 피해자나 가해자가 되어 엉엉 울기도 한다. 학생들이 서로를 친구로서 동료로서 사랑하고, 존중하도록 어른들은 믿고 배려해 주어야 한다. 그러면 아이들은 서로가 더불어 부족한 점을 보완해주고 부축하면서 성장한다. 그렇게 어울리며 각자의 희망을 노래한다. 함께 그러나 다르게 미래의 삶을 가꾸어 간다.

05

개방과 협력으로 만든
자존감과 경쟁

한국은 세계 최고의 IT 시스템과 연간 1천만 명의 외국인 관광객을 유치하는 글로벌 국가인 반면 대다수의 아이들은 여전히 국제적 감각이 무엇인지 모른 채 산다.

이렇게 양극화가 심한 까닭은 지난 67년 동안 미군정이 남긴 학제와 일제日帝의 교육과정이 온존하기 때문이며, 반공교육으로 인한 정치적 이데올로기 현상이 극대화되어 있기 때문이다. 그 영향으로 인해 분단은 해결해야 할 평화적 과제가 아닌 북한과의 전쟁에서 반드시 이겨야 할 옳고 그름의 문제가 되었으며, 교육에서는 군대식 서열 경쟁을 하는 것이 당연한 과제로 이해한다. 민주시민으로 육성하기 위해 필요한 다문화 교육, 시민교육, 글로벌 교육은 이러한 틈바구니에서 방치되어 있다.

교육선진국에서 이미 골동품이 된 중앙정부의 교육과정과 학급班체제, 원색의 교복, 교문 앞에 늘어 선 선도부, 무서운 장학사 등이 한국의 교육에서는 여전히 현재 진행형이다. 교육 정책 입안자들은 이것들을 태곳적부터 존재해 온 것인 양 불변의 코드로 삼고 한 번도 개혁의 대상으로 삼은 적이 없다. 학부모들은 잘못되고 불편한 것을 바꾸고자 하는 생각도 갖지 못한 채 주어진 운명을 업인 양 조용히 짊어지고 산다. 그 운명 때문에 교육을 본질적으로 바꿀 수 없다는 사실도 애써 외면하고 산다.

대학의 젊은이들 역시 우물 안 개구리이다. 부모 잘 만나서 어학연수라도 다녀 온 소수의 학생들을 제외하고 대다수의 학생들은 한 번도 외국의 대학을 견학하지 못한다. 대학이 왜 바뀌어야 하는지 인식하지 못한다. 여전히 고등학교보다 나을 것도 없는 교육과정curriculum과 상대평가를 하는 중간·기말 시험을 보면서 그것이 당연한 운명인 것처럼 받아들인다. 요즘 서울대에서 상대평가의 문제점을 개선하려고 모색 하고는 있으나 쉽지 않을 것이다. 상대평가는 교육부 방침이고 이를 어기는 대학에는 재정지원을 줄이기 때문이다.

한국의 청년들은 이국으로 여행을 떠나고 싶어도 쉽지가 않다. 삼면이 바다이고 한 면은 휴전선이다. 동서남쪽 방향으로 가자니 바다가 길을 가로막고 북쪽으로 길을 나서자니 김정은의 총에 맞아 죽을 판이다. 별수 없이 좁은 땅덩어리에서 복작대고 살자니 오륙십 대 기득권 세력에 치여서 수발들기만 바쁘다.

학생들은 사각형 교실에서 석차에 목을 매고 젊은이들은 스펙 경쟁에 갇혀 연애도 결혼도 꿈꾸지 못한다. 이것이 대한민국 학교의 현실이다. 그런데 온 국민이 '대한민국은 문화 선진국이며 국민은 글로벌하다'는 착각 속에 산다.

국민은 스마트폰과 인터넷을 만지작거리며 자신들이 국제 미아인 줄 모르고 마치 세계에서 가장 많은 정보를 접하는 문화선진국의 주역인 것처럼 환각에 빠져있다. 그리고 잠시 누렸던 지난 15년간의 민주주의 체제에 젖어 '한국이 오랫동안 군사정권이 지배해온 독재국가'였었다는 사실을 망각했다.

초중고나 대학의 교육시스템 역시 학점제를 실시하는 아시아의 국가들보다 훨씬 뛰어나다고 자부하기 힘들다. 배고픔을 딛고 돈꽤나 만지고 산다고 해서 우리가 문화선진국이며 교육대국이라는 착각을 하며 산다. 참 허망한 일이다.

사실, 한국은 지정학적으로 중국인들보다 훨씬 폐쇄적이고 동남아의 미얀마나 라오스의 국민들보다 더 고립된 지리적인 환경에 놓여있다. 스스로 잘 인식하지 못할 뿐이다.

동남아 국가들은 가난하지만 오히려 국경을 맞대고 넘나들며 '동남아 문화권'이라는 공통의 분모를 형성하지만, 불행하게도 한국의 국민들은 북한에게 가장 큰 영향을 받는다.

휴전선을 사이에 두고 북한을 인식한다. 북한과 비교하면서 그들보다 잘 산다고 위안하면서 그들을 적대시 하는 풍토에서 어느새 우리는 서로 엇비슷하게 폐쇄적인 남북한만의 독특한 문화 체제를 굳혀왔다. 아직도 우리 남북한은 세계에서 찾아보기 드문 교복착용, 국가단위 교육과정, 대학의 상대평가, 뿌리 깊은 관료주의 문화를 간직하고 있다.

한국적인 것이 가장 세계적이라는 말이 유행했었다.

이 유행어는 수공업적 산업 시스템 속에서 내부결속이 중요했던 시기에 계몽사상을 바탕으로 작동한 국수주의 논리였다. 이러한 신념으로 뉴욕 진출을 모색하던 JYP의 박진영 대표가 겪었던 시행착오는 우리가 되새겨 볼 만한 일이다.

그는 미국에서 자신있게 프로모션했다. 그러나 하는 일마다 실패를 맛보아야 했다. 어느 날 돌이켜보니 '한국적인 것이 최고'라는 신념이 실패의 원인이었음을 깨달았다. 그는 즉시 뉴욕사람들이 편안하게 받아들일 수 있는 스타일로 모든 것을 바꾸고 열린 마음으로 현지인의 입장에서 사고하기 시작했다. 사업의 방향을 원점에서 재고하여 미국화 함으로써 노래로 성공할 수 있었다. 그의 그러한 노력을 기점으로 한국의 아이돌 문화는 한류가 되어 세계 속으로 뻗어나가는 계기가 되었다. 한국의 벽을 넘어 스스로 가슴을 개방한 덕에 얻은 성공이었다.

박진영의 일화는 한국적인 것이 세계적인 것이 아니라 '세계적인 것이 세계적인 것'이라는 것을 보여주었다.

박진영의 경험한 시사점은 무엇일까? 개방이었다. 타인과 교감할 수 있는 마인드와 시선, 협력하고 공감하며 함께 만드는 일, 가까이 옆에 있는 친구와 소통하는 일, 즉 동료효과Peer Effect였다. 우리 교육에 없는 코드cord다.

교육의 길에서 또 다시 교육에게 길을 묻는다.

교육은 무엇을 할 수 있을까? 우리는 아득한 자문自問에서 명쾌한 자답自答을 얻을 수 있을까?

그 답이 없다면 정부가 해결할 수 있을까. 안타깝게도 그동안 역대정부의 교육공약은 교육개혁보다 '경제'를 강조하였다. 돈 없이는 무상교육도 반값 등록금도 없는 것이니 백번 이해는 가지만 정말 교육개혁이 돈만으로 이루어지는 것이라면 오히려 무슨 걱정이랴. 그러나 교육개혁은 돈만 갖고 될 일은 아니다. 마인드와 사고를 바꿔야 되는 일이다.

지금 선진국의 교육개혁 흐름은 동료효과를 확대하는데 초점이 맞추어져 있다.

미국은 학점제를 중등에서 초등 고학년까지 확장하여 학생의 선택권을 강화하고 있고, 독일과 프랑스는 현장학습의 확대와 과제중심의 수업을 위해 주 5일제 수업을 주 4일제로 정착시키려 노력한다.

일본은 중등교육의 정상화를 꾀하기 위해 과감하게 대학입시에 변화를 주고 있다. 가능한 한 대학당국에 입시를 일임하여 자율화하고 국가시험의 반영 여부는 물론이고 국가고사의 반영 없이도

대학이 알아서 전공별(2개 과목 정도)로 치룰 수 있도록 배려하고 있다.

핀란드는 20년 넘게 이어 온 협력수업의 체제를 무슨 일이 있어도 지키고자 여야 정치권에서 보장해주고 있다.

교육의 최전선에 선 교사에 대한 정책도 갈수록 개방하고 있다.

미국은 일부 주나 카운티를 제외하고는 교사의 정년을 65세 이상 보장하는 추세다. 프랑스는 교사가 학교의 담장을 넘어 적극적으로 사회활동을 하도록 권장하고 나아가 근무시간의 연장으로 인정해주고 있다. 독일은 동료교사 간의 협력과 대화를 통해 학교를 운영하는 풍토를 확대하면서 아예 연방 헌법에 교장은 교사라고 못 박아놓았다. 탈脫권위주의적인 동료효과를 교육현장에서 극대화시키고 있다.

교사가 곧 교육력의 가장 큰 기반이며 그 기반은 자율성과 민주적인 법령을 통해 보장된다는 것을 이들 국가는 보여준다.

우리의 교육정책 입안자들은 무엇을 인식해야 할까.

이제 학교에 대한 마인드와 관점을 바르게 세워야 한다. 학교는 치어를 키워서 팔아먹는 가두리 양식장이 아니라 미래를 위한 그린벨트가 되어야 한다. 이곳에서 푸르른 생명을 품은 나무와 꽃이 가꾸어져야 한다. 이 때문에 학교에 넘쳐나야 할 것이 있다면 학생과 교사의 행복한 웃음이다.

학생들이 동료를 이기고 순위경쟁을 하면서 선두를 '빼앗기지'

않으려고, 자존심 싸움을 하게 만드는 지금의 교육체제는 학생을 불행하게 만든다. 학생들의 자존심이 아니라 자존감을 살려주어야 한다. 동료와 협력할수록 자존감이 커지는 경험을 할 수 있도록 학생들을 배려하고 이러한 관계를 유지하는 삶이 올바른 삶이라는 믿음을 갖게 해야 한다.

아이들은 그 자체가 설레는 존재다

부족하고 투박하고 연약한 것이 청소년임을 자각하면서 청소년을 만나야 한다.
그러한 특징을 가장 많이 지닌 사이코적 존재, 청소년을 더 많이 알고 이해하는 일은
우리 스스로가 아름다웠던 유년으로 돌아가는 일이기도 하다.

2장

아이들을 위해
우리는 어떻게 할 것인가

어른은 어른대로 아이는 아이대로 교육병을 앓는다.

가정과 학교는 대화와 소통 부재로 서로의 생각이 다르고, 젊은 이들은 기성세대를 원망한다. 상처가 깊어질수록 공허한 힐링 타령만 늘어난다. 그렇다. 늘 문제는 어른들의 탓이다. 학부모와 교사, 교육 관료와 정치인은 아이들의 운명을 다루는 어른들이다. 아이를 행복하게 하려면 먼저 아이를 바라보는 어른의 시선이 부드러워져야 한다. 그들의 문화를 이해해야 한다.

"차가운 눈길로 바라보며 자기에게 아무 기대도 하지 말라고 합니다. 어떻게 키운 딸인데 엄마에게 이럴 수 있어요?"

학원을 빠지는 것에 대해 쓴 소리를 하자 이런저런 핑계를 대던 딸이 결국 엄마의 가슴에 비수처럼 싸늘한 말을 꽂았다. 무질서한 여름방학 생활을 고칠 것을 권유하던 세영이 엄마는, 자기 방에서 나가달라는 딸의 억지대답에 가슴이 무너져 내렸다. 짧은 치맛단을 지적하

며 중학교 3학년 딸아이에게 단정한 옷차림을 주문하니까 '존
나 참견한다'며 퉁명스럽게 중얼거리는 딸의 한 마디에 엄마는 가슴
이 무너진다. 엄마들이 자녀 때문에 겪는 수난은 이만저만이 아니다.

요즘 아이들이 엄마에게 가하는 폭행은 다양하다. 밥상머리 훈
계를 하는 엄마에게 알아듣지 못하는 말로 언어폭력을 행사하기
일쑤다. 존나 같은 비속어부터 시작해서 헐, 즐, 반사 같은 용어를
서슴없이 내뱉는다. 무슨 소리인지 잘 모르지만 그것이 욕이라는
느낌이 들 때, 엄마의 자존심은 또 한 번 상처를 입는다. 자녀가
"저리 가"하고 모욕적인 언사를 쓰면 가슴이 무너지고 자식을 애
지중지 키워온 보람은 허망함으로 가득찬다.

옛날에는 아이들이 어디에서 놀던, 어른들은 자신의 아이가 어
디서 무엇을 하면서 놀고 있는지 귀신처럼 다 알았었다. 그러나
지금은 박속처럼 비좁은 아파트의 좁은 공간에 함께 있으면서도
자녀가 컴퓨터 앞에 앉아서 무슨 생각을 하는지, 또래친구와 어떤
대화를 나누는지 도무지 알 길이 없다. 모처럼 마음먹고 훈계를
하거나 대화를 시도하면 되돌아오는 것은 '암 것도 모르면서',
'재미없어' 라는 냉소와 무시뿐이다.

엄마들이 자녀에게 입는 상처는 쌍방향 의사소통의 부재에서
오는 문화충격 때문이다. 자녀들은 온라인을 하면서 익힌 언어를
무심코 엄마에게 사용한다. 당황스러울 때는 헐! 이라는 의성어로
변명을 하고, 자신이 싫어하는 이야기를 듣다가는 쩐다! 라고 말

하며 반항을 한다. 존나는 비속어임에도 불구하고 '대단히'라는 부사어로 잘못 인식하여 곧잘 사용한다. 물론 듣는 어른은 이것을 모두 심한 욕설로 이해한다.

십대는 아직 감정을 통제하는 전뇌가 성장하는 중이다. 앞머리에 위치한 아이들의 전뇌는 이미 굳어버린 어른의 것과 달라서 반갑지 않은 상황에 대해 예민하게 반응한다. 즉흥적으로 튀어나오는 자신의 말이 어떤 결과를 낳는지 예측을 못하는 것도 이 때문이다. 공감 능력도 상당히 좁다. 아이들은 똑같이 지하철에 앉아 있어도 그 안의 크기, 빛깔 등 전체의 분위기를 전체적으로 인지하는 것이 아니라 특정 부분을 더 집중해서 느낀다. 뭐든지 어른의 시선으로만 바라보는 순간 아이들은 저만큼 타임머신을 타고 달아난다.

생각해보면 '사이코' 상태인 아이들의 전뇌는 행복하다. 첫사랑의 두근거림과 미지에 대한 설렘은 사이코의 대표적인 증상이다. 전뇌가 굳어져서 더 이상 사이코 상태를 유지할 수 없는 어른들의 설렘은 아이에 비해서 부족할 수밖에 없다. 미성숙하다는 것은 성숙한 사람보다 더 많은 설렘을 갖는다. 아이들은 그 자체가 설레는 존재다. 부족하고 투박하고 연약한 것이 청소년임을 자각하면서 청소년을 만나야 한다. 그러한 특징을 가장 많이 지닌 사이코적 존재, 청소년을 더 많이 알고 이해하는 일은 우리 스스로가 아름다웠던 유년으로 돌아가는 일이기도 하다.

사회변화를
수용하는 진로교육

"어차피 만점짜리로 준비해 와요. 그래도 그래머Grammar 들어가면 허점이 많아요. 더 해야 돼요."

스펙 얘기다.

서울에서 가장 잘 나간다는 재벌급 어학원 간부들과 식사하는 자리에서 그들이 털어 놓은 불만이었다. 입사를 위한 서류 응시에서 토익, 토플, 텝스 만점짜리를 뽑아도 면접을 해보면 모자란 점이 드러나기에 요즘은 아예 추가로 토익 Speaking과 Writing을 별도로 요구한다고 한다.

평범한 어학원이 재벌급 회사로 성장한 배경에는 이와 유사한 대기업의 입사시험 풍토가 있었기에 가능한 일이었다.

교육부가 정한 퇴출대학의 최대 요건은 취업률이다.

대학은 무슨 짓을 하던 취업률만 높으면 '좋은 대학'이 된다. 대학의 피눈물 나는 구조조정은 학문의 발전과 무관하다. 학과의 개폐는 취업률에 달려있다. 물론 취업률이 높다고 해서 非SKY대학이 SKY대학이 되는 것은 아니다. 그러므로 대학들은 대학서열화 고착과 취업률 제고란 이중고에 시달린다. 기업과 정부의 욕망에 끝없이 질주하다가 대학에서 학문은 무너졌고 자칫하면 퇴출대학이 되는 시대에 학문의 권위는 누추해졌다.

이 스펙과 관련해서 고려대학교 3학년생 김예슬양이 2010년에 대학을 그만두는 사태가 일어났다.

김예슬은 "자신은 스펙사회 속에서 인간의 길이 무엇인지 찾기 위해 대학을 그만두게 되었다"고 하면서 대자보를 통해 "국가와 대학은 자본과 대기업의 인간 제품을 조달하는 하청업체"라고 비판하고 스펙 위주의 대한민국 사회를 강렬하게 질타했다.

대학은 진즉에 죽었다. 전공시간과 교양과목은 골동품이 되었다. 학생들은 '졸업장'이 필요해서 대학에 남아있을 뿐이다. 졸업장은 가장 중요한 스펙이기 때문이다. 이제 한국의 대학에서 전공으로 국가 경쟁력을 확보한다는 것은 허망한 일이다. 21세기가 요구하는 인문학적 소양을 기르는 것은 더 웃기는 일이 되었다.

교양과 전공이 사라진지 오래다. 그 자리에 들어선 것은 오로지 '영어'다. 학생들은 전공과 교양 시간에 두 가지만 하는 경향이 있다. 전공 책 밑에 영어책을 깔고 몰래 영어를 공부하는 한편 시험을 대비하여 교수의 강의를 녹음한다. 교수들은 자신의 강의가 무시당해도 강의평가가 두려워서 대응도 하지 못한다. 더 정확하게는 자신의 강의가 취업에 결정적인 도움이 되지 못하기에 학생의 밥그릇을 건드릴 용기가 나지 않는 것이다. 도대체 스펙이 무엇이기에 대한민국이 스펙 공화국이 되었을까.

스펙은 2004년부터 국립국어원 신조어로 등록되어 있는 영어, Specification의 준말이다. 해당 단어는 구직자들 사이에서 학력과 학점, 토익 점수 외 영어 자격증, 그 밖의 관련 자격증들을 총칭한다. 이것이 구직자의 능력을 증명하는 변별점이다. 따라서 대부분의 기업들은 이 스펙을 기준으로 두고 구직자를 평가한다. 이 스펙은 대한민국 대학생들 사이에 하나의 보증수표로 작용하며 최대의 부담이 되고 있다.

보통 수재급에 해당하는 학생들이 토익, 토플, 텝스를 800점 이상 높은 등급에 도달하려면 2년 정도의 시간을 투자해야 한다. 학원비며 교재비용이 최소 500만 원 이상 필요하다. 여기에 최근 기업이 요구하는 토익 Speaking과 Writing을 충족시키려면 해외 어학연수는 필수다. 1년 정도 영어권 국가에 유학을 다녀오려면 최소 3천만 원에서 5천만 원은 기본이다.

이렇게 영어 스펙을 쌓아도 취업은 바늘구멍이다. 기업은 그럴수록 만족하지 않고 취업 준비생들에게 더 완벽한 스펙을 요구할 뿐이다. 가만히 앉아서 자신들이 필요한 완제품을 끊임없이 요구한다.

스펙의 여파는 대한민국의 젊은이들에게 3暴현상을 가져오게
했다. 세 가지를 포기暴棄한다는 뜻이다. 스펙 때문에 도서관에 처
박혀 있으려니 연애를 포기해야 하고, 연애를 못하니 결혼도 포기
해야 한다. 설령, 결혼을 했다할지라도 기업체에서 사원들에게 스
펙을 또 요구하니 때늦은 어학연수를 떠날 판국에 출산은 꿈도 못
꿀 일이다. 연애와 결혼과 출산, 이 세 가지를 포기하게 만드는 나
라에서 교육을 논하는 것은 언감생심焉敢生心이다.

이 사태의 책임은 정부와 기업에 있다.

정부와 기업은 취업 준비생에게 스펙을 요구하지 않는다는 MOU
를 체결하거나, 경제인연합회에서 자정운동을 벌이거나, 국회가
나서서 취업 시 스펙을 보지 않도록 하는 특별법을 제정해야 할 판
이다.

멀고도 가까운 일본에서는 기업이 대학생들에게 스펙을 요구하
지 않는다. 대학은 인·적성을 최대한 고려하여 신입생을 뽑고 기
업은 신입사원을 채용한 후에 자체 비용을 들여서 상당 기간 사내
훈련을 시킨다. 정부가 강요한 것도 아니지만 스스로 그렇게들 한
다. 교육의 영역을 보호해주기 위해서다. 선진국이란 그런 것이
다. 그렇다고 한국의 교육이 기업과 정부에게 무한 책임을 전가하
고 면죄부를 받을 자격은 있는가? 결코 없다. 오히려 무겁다.

우리가 스펙 망국이 된 것은 정부와 기업, 대학의 공동책임이지

만 애당초 발단의 책임은 교육당국과 대학에 있다.

한국에서 초중고 교육은 사실상 교육부의 전유물이다. 대학입시를 정해놓고 거기에 맞춰서 시시콜콜 무엇을 가르칠 것인지 교육과정을 짜주기 때문이다. 국회가 초중등교육법으로 교육과정의 기획과 운영을 교육부장관에게 위임한 채 뒷짐을 지고 있는 동안 교육부는 시행령을 통해 딱 10개 교과만 정해서 고착화시켰고, 학생의 요구와 시대의 변화를 외면하면서 일체의 새로운 교과 개설을 가로막아왔다. 그 결과 사교육 시장은 경직된 학교교육과정을 손쉽게 베껴가면서 덩치를 키웠다. 대학은 수능을 통해 공짜로 인재를 선발했다. 특히 대학은 그렇게 공짜로 선발된 인력을 경쟁력 있게 키워내지도 못했다.

전공 교수는 대부분 외국에서 정체불명의 학위를 따온 박사 출신들로 채워졌고, 정부에서 행정경력을 훈장처럼 매단 고위관료들이 퇴직선물로 교수직을 받아서 낙하산 타고 내려왔다. 국공립 대학은 물론이고 사립대학에는 정부 출신 관료들이 즐비하다. 전공 커리큘럼은 그들의 특성에 따라 구성되었고, 기업의 실무와 거리가 먼 이상하고 낡은 1900년대의 이론중심 교육과정이 똬리를 틀고 자리 잡았다.

예일대 가짜 박사학위 소동을 일으켰던 신○○. 한 때 그녀가 소복을 입고 대학마다 순회하며 '죄 없는 자, 나를 돌로 쳐라'하고 외치면 교수 중에 몇이나 과연 그녀 앞에 나설 수 있을까 라는 우스

갯소리가 있었다. 가짜 학위에 의혹투성이 논문이 문제이지만, 한 번 전임 교수가 되면 대학 교수들은 평생을 보장받는 밥그릇에 사회의 존경까지 덤으로 받고, 관료와 국회의원 사외이사 자리를 오가며 호의호식 한다.

결국 정부는 가짜 박사 학위자를 찾아서 징계하라고 대학에게 자율권을 주었다. 대학들은 가짜 박사 학위를 '자진신고'하는 자에 한하여 반성문을 받고 넘어갔다. 공비와 간첩만 전향서를 쓰는 줄 알았는데 교수들의 반성문이라니……

이와 같이 외국박사와 관료 출신 교수들이 주를 이룬 대학사회는 실증 중심의 창의적인 학문풍토를 수립하지 못했고, 경쟁력 있는 전공 실력을 배양하지도 못했다. 숱한 박사논문들은 지도교수가 강요하는 외국이론에 억지로 짜 맞추어져 국적불명의 괴물 논문으로 전락했고, 석·박사 과정 학생들은 인신모욕을 당하면서 창의적이고 실증적인 논문을 쓸 기회를 봉쇄당했다. 연구논문조차 영어논문이 대접받았고, 잘난 체 하는 대학일수록 교수채용 때는 국제학술지 게재 영어논문이 아니면 취급하지 않는 풍토가 생겨났다. 이는 이웃나라 일본에 비추어 보면 분명 망국적인 처사다. 유서 깊은 와세다나 게이오 대학의 경우 훌륭한 논문일수록 일본어로 쓸 것을 권장 받고 있다. 자국의 학문적 자부심을 유지하기 위해서다.

대학의 학부 학생들은 중고생도 폐지한 상대평가에 시달리며 스펙 폭탄을 맞아야 했다. 기업은 낡은 교육과정을 통해 쓸모없는 교육을 하는 대학을 불신할 수밖에 없고, 결국 통으로 영어 스펙만을 바라보며 대학생을 한 줄로 세우는 악순환의 고리에 낚여버리고 말았다. 수십 년간 기업의 인재를 양성한 웅진그룹의 인재개발원장이었던 최정순박사는 이에 대하여 "대학교 교육의 폐쇄적인 교육과정이 학생들의 창의성을 말살하였고, 그래서 모험심과 창의력이 부족한 인재들을 대량생산하고 있다"고 한탄하였다.

3포가 횡행하는 엄혹한 시대에 교육은 무엇을 할 수 있을까? 실종된 진로교육은 어떻게 되찾을 수 있을까? 진로교육은 따로 교과서를 갖고 가르치는 일은 분명 아닐 것이다.

대학생에게 적합한 교육과정의 개혁을 위해서는 가혹하게 교과목 개폐를 시도해야 한다. 일례로 교육부는 2014년부터 '학교폭력의 예방 및 대책'이란 과목을 전국의 교직과목에 의무과목으로 설치하도록 했다. 그러자 대학들이 반발했다. 인력도 교재도 없는데 어떻게 가르치느냐고…. 바로 이 부분이다.

학생들이 학교폭력의 희생물이 되어 자살하고 고통 받는 세월이 10년이 지났다. 그런데도 예비교사를 양성하는 대학은 눈 깜짝하지 않았다. 진즉 시대에 맞춰 관련과목을 개설했어야 함에도 불구하고 방관했다. 뒤늦게 교육부가 나서서 지시하자, 허둥대며 당국만 원망한다. 이것이 대한민국의 교육대학, 사범대학의 현주소다. 그저 교수들은 자기네들끼리 편리한 과목만 수십 년째 운영하고 있다.

진로교육은 스스로 사회와 학생들에게 필요한 변화를 이루어내는 일이다.

중학교에 자유학기제를 도입하겠다는 정부의 발상도 이와 별반 다르지 않다. 국가가 시간표를 짜주는 단위제 교육과정을 학생들이 시간표를 짜는 학점제로 바꾸지 않은 채, 자유진로학기제를 실시하는 일은 관료적 발상이다. 정부 스스로 근본적인 변화를 시도하지 않고 담임교사에게만 변화를 만들 것을 강요한다. 그리스 신화에 등장하는 프로크루스테스의 침대가 따로 있는 것이 아니다.

답은 본래부터 명료하다. 중등교육과 대학입시의 분리, 대학교육과 기업선발 기제의 분리, 반면에 인문학적 소양과 실증력 넘치는 교육과정, 현장경험이 풍부한 교수인력의 확보, 마음껏 놀 수 있는 중등 교육과정, 가슴 뜨겁게 연애할 수 있는 대학교육이 그것이다. 무엇보다 교육개혁 속에 3포의 종식을 담아야 한다.

02

무지해서
덧나는 상처들

교정에 내리는 향긋한 봄비가 달다. 학생들의 웃음이 라일락 꽃잎처럼 밝다. 그러나 학생들의 이면엔 감춰진 눈물도 있다. 예기치 않은 성폭력 피해 학생은 진한 눈물을 남몰래 흘린다.

한국의 성폭력 발생율은 세계 1위이다. 이 중 18세 이하 청소년 피해자가 절반 이상을 차지한다. 해마다 5월이면 피해율이 급증한다. 우리나라는 어린이·청소년 성폭력이 사각지대에 놓여있다. 이 때문에 여자아이를 둔 학부모는 혹시라도 모를 성폭력 피해를 걱정하며 속을 태운다.

여고 1학년 은영이는 집 근처의 초등학교에서 남자친구 2명에게 성폭행을 당했다.

은영이는 밤늦은 시간이었지만 종종 만나는 친구들이었고, 가까이에 집도 있어서 자연스럽게 남자아이들을 만났다. 친구들의 은밀한 계획을 눈치 챌 수가 없었던 은영이는 웃고 떠들며 학교의 후미진 곳으로 이끌려 간 뒤 야수로 돌변한 남자애들에게 성폭행을 당했다.

이 사실을 안 아빠는 분노로 몸을 떨었고, 엄마는 기절 직전이었다. 자신을 붙잡고 통곡하던 엄마가 '시집도 안 갔는데'라고 넋두리를 하자 은영이는 정신이 번쩍 들었다. 언젠가 학교에서 집단으로 선서한 순결 서약식에 참여했던 장면이 떠올랐다. 성폭행을 당했다고 알려진 친구를 무슨 벌레 보듯이 피했던 자신의 결벽스런 모습도 되짚어졌다.

두 뺨에 눈물이 흘렀다. 말로만 듣던 '순결을 잃은 것'이다.

이제 자신은 처녀가 아니며 평생을 오점을 안고 살아가야 하는 것이다. 시간이 흐를수록 마음의 상처는 똬리를 틀며 가슴 깊숙이 내려앉았다. 이따금 멍해지며 뜻 모를 눈물을 흘릴 때가 잦았다. 아무에게도 말한 적이 없지만 어쩐지 친구들이 그 일을 알고 있는 것만 같아 불안했다. 자신은 이제 여자로서 행복한 인생을 살아갈 가능성이 없다고 생각했다.

지각과 결석이 잦아졌고 학교생활은 파국을 맞이하였다. 끝내 자퇴를 하고 집안에 틀어박혀 버렸다.

자신의 딸이 성폭행을 당했다면 누구나 분노하거나 흥분할 수 있다. 그러나 어떤 형태의 사고이든 그 사고는 수습해야 한다. 현재 당한 피해를 최소화하기 위해 노력하고 혹시라도 있을지 모르는 후유증을 남기지 않기 위해 대처하고 처방해야 한다. 이 대목에서 성폭력을 당한 학생의 학부모와 어른들은 정교한 대응과 위로가 필요하다.

"타의로 인한 성폭행 피해는 어디까지나 신체적인 위해에 불과하다. 순결은 육체적 증상이며 처녀성은 사람에 따라 그 증상이 나타날 수도 있고 안 나타날 수도 있으며, 여자는 누구나 자기의 성적권리를 갖는다. 그 때문에 처녀성 여부로 순결을 판단하는 것은 원시시대에나 있을 법한 일이다. 걱정 말아라."

성폭행은 누구나 당할 수 있는 가능성이 있음을 주지시키고, 그 고통을 이겨낸 사례를 들려주자. 마음속의 분노 등 응어리를 풀 수 있도록 이완요법을 권하자. 죄의식의 해소는 자의식의 회복으로 이어지는 첩경이다.

평소에 이러한 교육이 가정과 학교에서 일상적으로 행해졌더라면 은영이는 마음의 상처를 한결 빨리 치유했을 것이다. 성폭력이라는 신체폭력에서 나아가 순결 알레르기까지 겪지 않아도 되었을 것이다.

준비된 성교육이 필요하다. 보건교과서가 개발되고 보건교육이 체계적으로 이루어지는 OECD국가들의 사례에 비추어 한국의 보건교육은 이제 첫걸음마를 떼었다. 비교적 진보적이고 전문적인 보건교사들로 이루어진 사단법인 보건교육포럼 등에 의해 2002년부터 추진한 보건교과 개설은 2007년 노무현 대통령의 대선공

약으로 확정되었고, 2007년 12월 이주호의원의 입법에 의해 결실
을 맺었다.

그러나 보건과목은 2013년 현재 필수과목이 아니고 가르칠 인
원도 제대로 확보하지 못했다. 학교현장의 보건교사가 바쁜 가운
데 시간을 쪼개어 초등학교와 중학교에서 연간 17차시 이상의 수
업을 하고, 중등에서는 선택과목으로 운영된다. 하루빨리 보건교
과가 필수가 되고 보건교사의 충원도 충분하게 이루어져야 한다.
성폭력의 예방, 체계적인 성교육은 보건교육을 통해 이루어질 때
효과적이기 때문이다.

03

차별의 또 다른 얼굴
- 왕따·따돌림·학교폭력

학교폭력이 사회문제로 대두되면서 학교폭력 관련 입법이 이루어지기 시작한 것은 1994년 무렵이다. 임종석의원이 1차 개정입법을 했고, 2차 개정은 2007년 이주호의원이 했다.

나는 치열했던 그 과정을 시민단체 대표 및 전문가로 참여하면서 직접 입법청원과 개정작업 과정을 지켜보았다. 2005년에는 김현수 〈사는 기쁨〉 정신과 원장, 일진 전문가 정세영 선생님과 함께 CCTV와 학교 폴리스제를 도입하는데 참여했다. 아이스크림 원격교육연수원에 '김대유의 학교폭력 올바르게 대처하기'라는 교사연수 프로그램을 운영하면서 지금까지 2,000명이 넘는 교사가 수강하였다. 가해자 및 피해자 프로그램에 참여하고, 이런 경험을 교사들에게 강연하기도 한다.

학교폭력과 인연을 맺은 것은 오래 전 일이다. 그럼에도 불구하고 학교폭력은 나에게 항상 두려움과 난감함을 던져준다.

학생, 즉 청소년기는 예민한 시기이며, 또래문화가 무엇보다 중요하다. 이들은 또래문화에서 부조화를 겪으면 정신적 고통, 범죄, 비행 등 장애를 초래한다. 이 시기에 경험한 장애는 평생의 생애 발달주기에 반영된다.

학교폭력은 학교 내외에서 학생을 대상으로 벌어지는 각종 폭력 행동bullying을 이르는 말이다. 학교폭력 피해 및 가해 아이는 전 생애에 걸쳐 대인기피증, 폭력범죄 등 각종 부적응 현상을 겪게 된다. 학교폭력은 학교에서 탄생되어 사회적 폭력 문제로 불거지고 다시 학교로 돌아오는 사회적 문제이기도 하다.

또한 성폭력처럼 학생이라면 누구나 피해의 대상이 될 수 있고, 동시에 왕따의 경우 다수의 불특정 학생들이 가해자가 될 수 있는 문화적 문제이기도 하다. 학생이 학교폭력으로부터 안전하게 생활하기 위해 우리 어른들이 할 수 있는 일은 무엇일까.

학생이 무엇보다 학교폭력으로부터 안전하게 생활하기 위해서는 먼저 어른들의 인식과 이해가 필요하다. 학교폭력 바로 알기, 피해와 가해의 징후 읽기, 학교폭력에 효과적으로 대처하기 등 기초지식을 습득해야 한다.

학교폭력은 학교폭력 예방 및 대책에 관한 법률 제2조 1항에 따라 학교 내외에서 학생을 대상으로 발생한 폭행, 협박, 따돌림 등에 의하여 신체·정신 또는 재산상의 피해를 수반하는 행위로서 대통령령이 정하는 행위를 말한다.

시행령 제2조 '대통령령이 정하는 행위'라 함은 상해, 폭행, 감금, 협박, 약취, 유인, 추행, 명예훼손, 모욕, 공갈, 재물손괴 및 집단 따돌림 그 밖에 피해자의 의사에 반하는 행위를 가하거나 하게 한 행위를 말한다. 즉 학교폭력은 법률상 범죄를 의미한다. 다음과 같은 행위를 나타내면 이것이 곧 학교폭력이다.

- 주변에 있는 다른 친구들의 접근과 도움을 막는 행위
- 싫어하는 별명 등을 부르며 놀리는 행위
- 악의적인 소문을 퍼뜨리는 행위
- 하고 싶지 않은데 부당한 행위를 강요하는 행위
- 욕설을 하거나 빈정거리거나 조롱하는 행위
- 휴대전화나 이메일을 통해 협박, 비난, 위협하는 행위
- 타인을 괴롭히려는 의도를 가지고 신체적으로 구타하는 행위
- 흉기 등을 이용해 신체적인 상해를 가하는 행위
- 돈이나 물건을 강제로 빼앗는 행위
- 신체적인 위협을 가하거나 협박하는 행위
- 의도적으로 집단 활동에서 따돌리거나 소외시키는 행위
- 원하지 않는 신체적 또는 성적 접촉을 강요하는 행위

이러한 행동과 행위가 학교폭력이라고 생각하지 않았다면 지금

 함께 그러나 다르게, 동료효과

이 글을 읽는 순간 비로소 실정법을 알게 된 것이라고 할 수 있다.

학교폭력은 학생들 사이에서 일어나는 폭력과 따돌림을 가리킨다. 한국에는 '폭력 서클'이라는 독특한 형태의 학교폭력이 존재하며, 최근 집단을 형성하는 방법도 '종적 연결'에서 '횡적 연결'로 변했다. 고등학생 중심에서 초·중학교생의 저연령화로 확장되었으며, 남학생 중심에서 여학생 중심 현상으로 번지고 있다. 그동안의 경험에 의하면 학교폭력은 학생들 사이에 일어나는 광범위한 폭력을 의미하지만 특히 문제가 되고 있는 것은 이처럼 폭력서클을 정점으로 한 학교폭력이다.

왕따 즉 따돌림bullying이란 한 학생이 반복적이고 지속적으로 한 명 이상의 학생들로부터 부정적인 행동에 노출되는 현상을 의미한다.

그 유형은 외형적으로 능동적인 공격행동을 가하는 직접적인 따돌림(구타, 폭행)과 외부로 드러나지 않으나 어느 한 집단에서 소외를 시키거나 심리적 갈등, 부적응을 갖도록 괴롭히는 간접적인 따돌림으로 구분된다. 학교폭력의 사례도 이러한 경우가 대부분이다.

1999년에 발생한 미국의 콜럼바인 고등학교 총기난사 사건이나 2007년버지니아 공대 총기난사의 경우도 친구들 간에 오랜 시간에 걸친 지속적인 따돌림 관계였던 것으로 밝혀졌다. 한국에서는 왕따라는 용어가 널리 사용되고 있는데, 이는 외국의 폭력범죄

bullying, 폭력단mobbing, 이지메와는 달리 한국적 특성을 갖는 용어이다.

따돌림도 폭력bullying의 일종이다. 따돌림은 한 명 이상으로부터 피해를 당하는 것을 의미하지만 한국의 왕따 현상은 한명부터 여러 명, 또는 특정 집단에게 따돌림 당하는 현상을 의미한다.

그렇다면 외국의 경우는 어떨까?

독일·미국·영국과 서유럽의 여러 나라들이 국면하고 있는 것은 중증重症형 학교폭력이고, 일본과 스칸디나비아 3국, 동유럽 등은 중증中症형에 해당하며, 한국과 대부분 공산국가였던 나라들 즉 중국과 헝가리 등은 경증輕症형 국가에 속한다. 그러나 최근 개방의 붐을 탄 중국과 동유럽 국가 역시 학교폭력이 점점 조직화되고 중증화 되는 경향을 보이고 있다.

우리나라는 분류상 경증형이지만 거의 모든 학교에 일진이라 불리는 학교폭력 그룹이 광범위하게 실존하고 있으며 피해 또한 불특정 다수를 대상으로 지속적으로 발생하고 있는 점을 감안하면 강력한 학교폭력의 특성을 갖고 있다고 할 수 있다. 특히 우리나라의 학교폭력이나 왕따의 심각성은 유럽이나 미국에 비해 더욱 조직적이고 집단적인 성격을 유지하고 있다. 입시제도로 인한 스트레스의 증가, 학교자치가 없는 폐쇄적인 아이들의 학교생활 Life Cycle은 학교폭력의 집단성을 강화시키는 요인이 되고 있다.

그렇다면 학생들은 왜 다른 학생을 때릴까?

처음에는 '재수 없다'고 때린다. 사실은 표적이다. 다음에는 '약속을 안 지켰다'고 때린다. 맞은 것을 주변에 이르지 않겠다는 약속을 어겼다는 것이다. 보복과 협박이다. 또 때린다. '싸가지가 없다'는 거다. 피해자가 잘못을 뉘우치고 반성하지 않는다는 것이다. 기가 찰 노릇이지만 이것이 보통 흔히 있는 가해 패턴이다. 오랫동안 가해자 학생들을 선도하고 징계하고 프로그램을 통해 관찰하면서 나타난 두드러진 현상이었다.

이른 바 일진이라고 불리는 폭력서클의 행태는 학교 안에서 다양하게 표출된다. 일진은 처음에는 一眞이었다. 후에 언론을 타면서 一陣으로 포장되었다. 一眞은 자신들만의 독보성을 강조한 용어이고 一陣은 일본식 야꾸자 용어다. 선봉대란 뜻이다.

2000년대에 들어서서 기승을 부리는 '왕따'도 그 중심에는 왕따의 기제를 강화시키는 폭력서클 일진이 작용한다. 요즘에는 그 뿌리를 뽑고자 하는 교사를 겨냥하여 폭행, 협박전화, 사이버 음해 등 기성 어른 조직을 뺨치게 하는 사건도 발생한다. 작게는 공부를 잘하는 아이를 협박하여 시험부정을 저지르고, 부잣집 아이를 회유하고 협박하여 정기적으로 금품을 갈취했다. 함께 노는 폭력서클의 여학생을 성폭행하는 등 형법적인 범행도 부쩍 늘어나고 있다.

그런데 왜 학교는 가해자에게 휘둘리는 것일까? 이렇게 말해서는 안 되겠지만 일부의 학교장은 가해자 부모의 심정에 동조한다. 가해자 측 가운데 교장과 친한 학부모회 임원이 끼어 있을 경우는 십중팔구 은폐, 조작 사건이 벌어진다.

학교폭력이 발생하면 책임을 져야 할 교장은 사건을 최소화하고 싶어 한다. 교장들에게 제일 좋은 것은 재임 중 '아무 일도 일어나지 않는 것'이고, 가해자 측은 학교폭력이 아니라 아이들끼리 사소하게 서로 싸운 것으로 치부하고 싶어 한다. 가해자들은 내 자식을 보호하고 싶어 한다. 이러한 자기보호 마음들이 서로 부응하게 된다.

대전의 D고등학교에서 일어난 학교폭력 사건은 피해 사실보다 가해자들의 집단적 대응이 일파만파를 불러일으킨 경우였다.

교장과 학생부장을 비롯한 관련 교사들이 사법처리를 받을 정도로 유명한 이 사건은 한 아이가 일곱 명의 학급 아이들에게 지속적으로 괴롭힘을 당하고, 학급아이들 전체가 이에 가세하고, 나중에는 아픔을 호소하는 아이에게 교사들조차 '우리 학교 같은 명문학교에 너는 필요 없다'는 등의 이중 왕따를 당한 사건이었다.

이 사건은 2001년부터 2004년까지 3년이 넘게 이어졌다. 피해 학생의 부모를 초기에 만나서 장기간에 걸쳐 상담을 했다. 피해자의 어려움을 국회의원과 교육부에게 알리고 대책을 요청했다. 그러나 끝내 좋은 결과를 도출하지 못하였다.

피해자 부모는 직장마저 그만두고 교육부 앞에서 단식을 했다.

가해자 및 은폐에 가담한 교사들을 수사기관에 고소했다. 교육부에 학교와 대전 교육청을 철저히 감사하여 진상을 밝혀달라는 요구를 했지만 무엇 하나 제대로 이루어지지 않았기 때문이다.

그러자 학교 측의 대응도 거세졌다. 피해자 측이 무고를 한다면서 전방위 대응을 했다. 전교생을 대상으로 설문조사를 해서, 피해자가 원래 정신적 문제가 많은 학생이라는 증언을 유도했다. 학교측은 그렇게 취합한 보고서를 책자로 만들어 학부모들에게 배포했다. 심지어 책 내용에는 피해 학생의 일기장까지 실려 있는 등 대한민국 학교에서 교장의 지시로 어떻게 이런 일이 일어날 수 있는지, 교육청에서 어떻게 감독을 했는지, 보는 이들을 아연실색하게 했다.

학교는 교육부의 감사를 잘도 피해갔고, 교육청의 감사는 오히려 학교 측의 입장을 합리화시켜 주었다.

"교육청을 쫓아가고, 그것이 투명하지 않자 교육부까지 가서 1인 시위를 하고 교육부장관을 만나서 호소했는데도 점점 우리만 나쁜 사람이 되어가요."

피해자 학생의 엄마는 울고, 아빠는 고개를 숙였다. 국민을 위해 존재하는 공공기관은 이 피해자 학부모에게 아무런 도움을 주지 못했다.

피해자 부모는 학교장이 교육청이나 교육부에 가면 장학사가 되고, 장학사가 학교에 오면 교장, 교감이 되는 교육계 상층의 '교장 친목회 시스템'을 잘 몰랐던 것이다. 그러나 피해자를 도왔던 청소년폭력예방재단, 전문가, 언론 등에 의해 피해자의 입장이 사회에 전달되었고, 그 여파로 경찰과 검찰에서 수사를 진행했다.

그 결과, 법원의 판결에 따라 실정법 위반이 선고되었다. 가해자들은 송치되어 소년원에 갔고, 은폐에 가담한 교원들은 징계를 받았다. 이 사건은 교육계에 많은 상처를 남겼다. 특히 교장과 교육청의 조직적 은폐 혐의에 대해 사회가 주목하는 계기가 되었다.

한편, 가해자 선도에 대해 많은 문제점이 야기되었다. 가해자를 감싸고돌며 학교가 은폐와 묵인을 하는 관행이 줄어들면서 새롭게 제기된 것이 가해자 출신 전입생 거부 상황이다. 최근에는 가해자 학생의 강제 전출을 받아들이려고 하지 않는 풍토가 조성되어 학교 간 마찰이 심해지고 있다.

2013년 7월 3일자 연합뉴스에 따르면 학교폭력에 연루된 중학생이 일주일째 등교를 하지 못하고 떠도는 일이 발생했다.

가해자가 종전에 다니던 학교에서는 강제전학 처리를 했으나 이 학생이 배정된 다른 학교가 받을 수 없다고 버티면서 벌어진 일이다. 학교 관계자는 "자체 조사 결과 A양의 학교 폭력으로 피해를 본 본교 학생이 40여 명이나 됐다"면서 이 때문에 "A양이 전학 오면 학교에 다니지 않겠다는 학생들이 상당수에 달했다"고 거부 이유를 설명했다. 학교는 학부모들에게서 수십 차례 항의성 전화가 걸려 오는 등 반대가 거셌다고 덧붙였다.

학교는 피해 실태를 수차례 교육 당국에 보고했는데도 교육청이 전학을 강행하려 하자 교육장과 담당 장학사 등 4명의 파면 건의안을 도교육청에 전달하기까지 했다. 그러자 지역교육청은 뒤늦게야 전학 학교 배정을 철회했다. 이러한 지역교육청과 학교 간 갈등으로 A양은 일주일째 학교에 등교하지 못하고 학습권을 침해당했던 것이다.

익명을 요구한 한 교사는 "학교 폭력 가해 학생은 '누구누구라고 하면 다 알 수 있는' 좁은 지역이 아닌 시·군 경계를 넘은 다른 학교로 전학시키거나 기숙형 대안학교로 보내는 것이 이런 문제를 해결하는 방안이 될 것으로 본다."고 의견을 밝히기도 했다.

가해자를 노골적으로 기피하고 거부하는 새로운 사태가 벌어진 것이다.

가해자 학생 부모를 상담하기 위해 만난 첫 자리였다.

"선생님의 이마를 도끼로 까러왔습니다."

가해자 학부모의 대표가 인사를 나누는데 흉험한 말을 건넨다. 폭범 전과가 있다는 그분은 자신을 조폭이라고 소개했다. 명백한 협박이었다. 상담자로서 갖고 있던 모든 증거를 제시했다. 그는 법리에 밝은지 다행히 곧 수긍했고 학생들은 징계되었다. 그리고 피해자도 전학을 갔다. 양쪽 모두 상처가 남았다.

학교폭력 상담을 하다보면 제일 힘든 상황은 학교 간부 교사들의 태도이다. 모든 물적 증거가 제시되었는데도 간부 교사들 중 일부는 양비론을 폈다. 다행히 학교장이 올바른 판단을 하여 피해자를 구제하고 가해자 학생을 선도할 수 있었다. 가해자 부모들의 저항이 그만큼 거셌다는 의미이기도 하다.

학교에서 어떻게 이런 일이 일어나는 것일까.

학교는 흔히 학교폭력을 폭력으로 인정하기보다는 학생간의 갈등 즉, 생활지도guidance로 인식하는 경향이 있다. 따라서 학교폭력이 발생하면 학교장과 교사는 이를 폭력의 가해자와 피해자로 분류하는 것이 아니라 생활 지도상 가해의 문제, 피해의 문제로 규정한다. 가해자에게 폭력의 원인이 있는 동시에 피해자에게도 피해를 초래하는 원인motive이 있다는 시각을 갖고 있다.

이 부분에서 경험이 부족한 교사가 양비론을 펼칠 경우 '둘이 싸운 것' 혹은 피해자를 '맞을만한 이유가 있음'으로 오판하는 일이 발생할 수 있다. 부모는 폭력의 피해를 호소하는데 교사는 생활지도를 얘기한다. 쌍방의 관점이 다르다 보니 학부모는 억울하기 짝이 없고, 교사는 답답하기 그지없다.

이 때문에 학부모는 교사의 생활지도 태도를 무조건 비난할 것이 아니라 그런 사정이 있음을 사전에 이해하고 학교장과 교사에게 학교폭력 관련법과 각종 사례를 들어 그 심각성을 알리고 설득해야 한다. 교육적 시각과 사회적 시각의 원만한 조화가 형성되어야만 문제를 풀 수 있다.

 함께 그러나 다르게, 동료효과

학교폭력에 대하여 학교장은 '관리적 시각'을, 교사는 '교육적 시각'을 갖고 있다. 학교는 교육행정기관이고 교사는 교육공무원이다. 학교가 단순히 교육기관이고 교사가 단지 스승만은 아닌 것이다. 사립학교도 사립학교법에 의하여 이에 준하게 되어있다. 그러므로 학교폭력이 발생했을 때 교장은 최소한의 범위에서 조용히 원만하게 사건을 마무리하고 싶어 하고, 교사는 자신의 소신에 의거하여 체험적인 방법으로 지도하려는 측면이 있다. 이 과정에서 학교장과 교사는 자칫 전문적이고 객관적인 지도보다는 행정 편리주의에 흘러 자의성에 치우치는 실수를 범할 수 있다.

학교를 지도하는 교육청도 결국은 교감과 교장이 장학사로 파견근무를 하는 곳이기 때문에 단위학교와 대동소이한 시각을 갖고 있다.

행정기관과 공무원은 법령과 지침에 의해 움직인다. 학부모는 이 점을 숙지하여 학교폭력 피해상담을 할 때 교장과 교사의 의무, 학생지도에 대한 규정, 교육청과 학교의 관계 등 공무원이 지켜야 할 사항을 미리 학교 홈페이지 등을 통하여 정보를 습득하는 것이 좋다. 또한 내용증명 등 민원에 관한 간단한 상식도 익힐 필요가 있다. 교육적 마인드에 호소해서 안 될 때는 행정적 대응도 고려해야 하기 때문이다.

학부모의 치밀한 사전준비가 있다면 학교에서 교사의 협조를 구하는 것이 용이할 수 있다. 가장 먼저 '물증'을 확보해야 한다.

피해에 대한 일체의 진술서와 주변 친구의 증언서, 녹음 등 작은 것 하나라도 빼놓지 않고 챙겨서 학교에 가져가야 한다. 이 모든 것은 만약의 경우 법률적 증거로 활용될 수 있다. 그러나 대부분의 학부모는 이 부분을 흔히 간과한다. 담임교사나 생활지도 교사도 초기단계에서 정황증거를 채취하는 일을 소홀히 하기 일쑤다.

학부모가 아무것도 없이 그냥 구술로만 피해상황을 호소할 경우 교사는 자의적으로 판단하고 미봉책을 쓸 확률이 높다. 그러나 물증을 제시하며 문제제기를 할 경우 교사와 학교장은 대부분 피해 학부모의 입장에서 사건을 공정하게 다루려고 최선을 다할 것이다. 효과적으로 교사의 협조를 구하는 지름길은 치밀한 사전준비와 물증 위주의 증거제시뿐이다.

학교폭력이나 왕따의 피해 및 가해의 특성은 쉽게 읽혀지지 않는다. 특히 가해 학생의 경우, 용돈의 씀씀이가 헤퍼지고, 귀가 시간이 늦어지며, 갑자기 집에서 사주지 않은 고가의 옷이나 새 운동화를 착용하는 등 변화의 신호를 감지할 수 있다.

그렇다면 어떻게 피해상황을 대처할 수 있을까. 학교폭력과 왕따를 당하게 되는 상황에서 용기 있게 대처하기란 결코 쉽지 않다. 특히 가해자는 다수이고 피해자는 개인일 경우 심리적 부담도 만만치 않다. 그렇다고 모든 문제를 교사와 학교가 해결해줄 때까지 두 손을 놓고 기다리고 있는 것도 현명한 처사는 아니다.

우선 어른들은 피해 발생 사실을 인지하면 자녀와 대화하면서

'왕따'라는 용어는 사용하지 않아야 한다. 어떻게 피해를 입었는지 그 정황만을 파악해야 한다. 학생 자신이 왕따를 당하고 있다는 사실을 부모에게조차 밝히고 싶지 않은 심정을 부모는 헤아려 주어야 한다. 그렇게 물증을 수집하면서 법적 대응 등 여러 가지 상황을 놓고, 전문가와 상의하는 것이 필요하다.

피해의 징후 읽기

- 전학, 자퇴, 검정고시 타령을 자주 한다.
- 말수가 적어지고 혼자 있는 시간이 증가하며 지각을 자주 한다.
- 학용품 및 소지품이 자주 파손되거나 없어진다.
- 핸드폰이 자주 걸려 오거나 메일 확인이 빈번하며, 우울 증세가 심해진다.
- "죽고싶다"는 낙서가 발견되며 자주 두통이나 복통을 호소한다.
- 용돈 요구가 빈번해지며 친구들과 교류가 중단된다.
- 유난히 가족에게 공격적 행동을 자주 한다.

피해자 대처방법

- 빠른 시간 내에 일체의 정황증거와 물증을 채취하고, 아이의 진술서 등을 확보한다.
- 상해의 경우 보건교사에게 자문을 구하여 피해상황을 객관화시킨다.

- 가해자 집단을 분석하고 주동자와 방조자, 피해자에게 협력할 수 있는 아이를 분류하여 그에 맞게 대책을 세운다.
- 가해자 측의 부모 중, 협조적인 부모를 설득하여 문제해결의 실마리를 확보한다.
- 가해자 측과 학교에 대한 요구사항의 종합적 가이드라인을 미리 갖고, 그에 따라 대처한다.
- 초기단계에서 이 모든 준비를 갖추는 것이 중요하다
- 가해 및 피해 결과를 물증으로 제시하여 치료, 배상의 문제를 해결하기 위하여 교사와 학부모가 만나야 한다.

가해자에 대한 대응방법

- 가해학생의 신분을 확인한다.
- 우발적이고 피해가 경미한 경우에는 원인을 찾아 가해자를 직접 만나서 잘못을 깨닫게 하고 화해를 유도한다.
- 우발적이지만 피해가 심할 경우에는 학교에 알리고 가해자 부모와 합의하도록 한다. 가해자 부모를 만날 때에는 사전에 확보된 근거자료를 반드시 준비한다.
- 고의적인 폭행일 경우에는 학교에 알리고 교사가 배석한 자리에서 사과를 받고 재발방지를 위한 각서를 받도록 한다.
- 가해학생을 모를 경우 피해를 당한 장소를 학교와 경찰에 신고한다.

- 피해자가 불안해 할 경우에는 등하교 시 친한 친구들과 함께 다니거나 부모님과 함께 다니도록 한다.
- 금품이나 물건 갈취의 경우, 경찰에 바로 연락하여 해당 장소의 순찰을 요청하는 등 재발을 방지하도록 한다.

학교폭력에 있어서 피해자는 치료와 보호의 대상이고, 가해자는 상담과 선도의 대상이다. 문제가 발생한 이후 효과적으로 대처하지 않으면 후유증이 남고, 사건은 다시 발생한다.

어떻게 하면 아이를 수렁에서 건질 수 있을까? 부모가 따뜻한 마음을 갖고 자녀를 대해야 한다. 가장 먼저 따돌림 당하는 아이에게 비난보다는 용기를 주고, 그 이후 왕따의 원인을 분석하여 피해 사실을 확인한 후 '끝까지 해결해줄 수 있다'는 믿음과 확신을 심어 주는 것이 중요하다. 그런 후에 주변에 도움을 요청하고 연계하여 피해 사항을 정확하게 기록하도록 유도해야 한다.

이 때 반드시 피해사항 진술서, 주변 친구의 증언서, 증거를 확보한 후 교사에게 지도를 요청해야 한다. 학교에 맨손으로 찾아가는 것은 좋은 방법이 아니다. 교사는 공무원들이고 그들에게 중요한 것은 눈물겨운 사연이 아니라 물증이다. 때문에 피해 후 법적인 사항까지 갈 것을 대비하여 병원에서 진단서를 받아 두어야 한다. 문제 해결 후에는 전문 치료를 병행하는 것이 좋다.

그렇다면 가해 학생은 어떻게 지도해야 할까.

첫째, 무조건 감싸기보다는 잘못을 지적하라.

둘째, 피해아이의 진술서와 친구들의 증언서는 확보한 후 가해학생과 대화하라. 그냥 맨손으로 대화하면 가해학생은 인정하지 않을 수 있다.

셋째, 피해학생의 고통에 대해 함께 검증하고 역할극 등 치료를 부과하라.

넷째, 공격적 에너지를 긍정적 에너지로 승화시키도록 도와준다.

다섯째, 대인관계 심성훈련, 상담교육 프로그램 참가, 취미 활동을 장려한다.

학교폭력 발생 시 초기단계에서 교사, 학부모가 함께 문제를 바람직하게 풀어가는 것은 결코 소홀히 할 수 없는 과제다. 그러기 위해서 학생의 피해를 확인한 즉시 가장 먼저 '물증'을 확보해야 한다. 피해에 대한 일체의 진술서와 주변 친구의 증언서, 녹음 등 작은 것 하나라도 빼놓지 않고 챙겨야 한다. 이 모든 것은 만약의 경우 법률적 증거로 활용될 수 있으며, 가해나 피해의 초점을 흐릴 수 있는 학교사회의 관료주의와 학부모 이기주의에 대처할 수 있는 근거가 된다.

그러므로 피해자녀와 주변 친구들의 증언을 차분히 경청하고, 그 내용을 문건과 녹취 등으로 수집하는 일이 선행되어야 하는 것이다. 가능하다면 가해자 아이의 객관적 가해 사실도 확보하는 것이 좋다. 땀 흘리며 이성적으로 노력한 만큼 문제를 해결할 수 있다.

법적인 조치는 여러 방면으로의 노력을 통해서 해결이 어려울 경우 마지막으로 행사할 수 있는 권리다. 법적으로 문제를 해결하려고 할 경우, 피해자든 가해자든 아직은 청소년기 학생들이기 때문에 심리적으로 상처받게 될 가능성이 높다. 또한 사건이 처리되기까지 오랜 시간이 걸릴 수 있고, 조사를 위해 경찰이나 검찰에 오고가는 일이 생길 수 있으며, 변호사 비용이나 법률 자문 등 경제적 비용도 고려해야 한다. 가능하다면 법적인 조치 이외의 방법으로 문제를 해결하는 것이 바람직하다.

특히 학교폭력 물증 확보는 모니터링이 중요하다. 모니터링은 학년에 맞게 작성하도록 지도해야 하며, 평소에 지도를 잘하면 문제가 발생했을 때 대처하기가 비교적 용이하다.

이와 같은 모니터는 사건을 해결할 수 있는 1차 자료에 해당한다. 피해자나 목격자에게 불쑥 종이를 주고 진술서를 쓰라고 하면 어른들도 감당하기 어렵다.

학교폭력은 학교 밖에서 발생하는 폭력과는 다른 속성을 가지고 있다. 학교의 통제권에서 벗어나 일어나는 청소년들의 폭력이 금품 갈취나 폭력 조직과의 세력 다툼 등으로 그 심각성이 크다 하더라도 주로 일회적이고 피 · 가해 학생의 범위가 한정되어 있다.

이에 비해 학교 내 폭력은 안면이 있는 선배나 동료 또는 중퇴자나 이들이 포함된 조직에게 지속적으로 당하고 있기 때문에 더욱 심각성을 지니고 있다. 또한 어떤 경우이건 학교폭력은 피해 당사자뿐만 아니라 그 피해를 직접 목격하거나 이야기로 전해들은 다른 사람에게 다양한 부정적 감정과 정서적 반응을 불러일으키고 공동체인 학교에 대한 신뢰를 무너뜨리는 결과를 가져온다.

어떤 형태이건 학교폭력은 불안과 공포를 일반화시킨다. 능동적이고 적극적인 애교심이나 공동체에 대한 애착이나 헌신의 정신을 깨뜨린다. 생활전체에 대해서는 물론 사회손상을 입히기 때문에 생명의 위협을 느끼게 하고, 존재 그 자체에 대한 불안을 촉발시킬 수도 있다. 그래서 학교폭력은 일반적으로 생각하는 것보다 훨씬 더 많은 폐해가 많은 우리 모두의 삶의 문제이다.

학교폭력을 일반적인 청소년 폭력보다 더 주목해야 하는 이유는 청소년이 학교에서 대부분의 시간을 보내는 공간이기 때문이다. 또한 학교생활은 청소년들의 지속적이고 일상적인 삶이라는 것이다. 즉, 학교폭력은 우리 청소년들이 그들의 일상 생활터전에서 그리고 보호받아야 할 제도권 내에서도 더 이상 안전하지 않다는 것을 나타내 주고 있다. 그런 면에서 우리나라의 학교폭력 실태는 실로 아이들의 생활주기Life Cycle에 깊숙이 들어와 있는 일상의 성격인 것이다.

요즘 아이들이 가장 많이 내뱉는 말 중 하나가 "전학 보내주세요"다. 전학은 왕따 피해자 아이의 피난 수단이고, 학생부의 조사를 받는 학교폭력 가해자 아이의 처벌사항이며, 학군 좋은 곳으로 옮기고자 하는 학부모의 희망사항이다. 그들은 모두 전학 가고 싶어 한다. 어느 학교를 간들 대동소이하여 지금의 문제가 해결될 수 없다는 사실을 모르지 않으나 그래도 남의 떡은 먹음직스런 법이다. 이런저런 이유로 전학은 어느새 만병통치약이 되었다.

그러면 아이들은 왜 전학을 부르짖을까. 전학은 학교에서 해결할 수 없는 문제에 봉착하게 될 때 교사에게 매달리지 않고 곧바로 부모에게 요구할 수 있는 자녀민원이기 때문이다. 물론 자녀민원이란 단어는 없다. 그럼에도 불구하고 아이들은 툭하면 민원을 넣듯 부모에게 전학을 보내달라고 조른다.

전학이 얼마나 까다로운 난관을 불러일으키는지 잘 모르는 부모들은 아이들의 거센 요구에 "그래, 전학 보내줄게"하고 얼버무린다. 그 순간부터 부모는 아이에게 빚쟁이처럼 몰린다. 온 가족이 주소를 옮기고, 이사를 갈 능력이 되면 몰라도 섣불리 아이의 주소만 옮긴다든가 일부 가족의 주소를 거짓으로 옮기면서 위장 전입을 한다. 이도저도 안되어 전학을 보내지 못하면, 아이는 그 핑계로 온갖 탈선을 저지르면서도 자신의 행동을 무조건 합리화한다. 부모는 졸지에 무능한 보호자로 전락한다. 전학이 불행의 징검다리로 전락하는 순간이다.

전학은 학교폭력 가해자나 피해자들이 도피수단으로 애용한다. 가해자에게 학교는 노골적으로 "자퇴냐 전학이냐"의 카드를 내밀어서 전학 갈 것을 강요한다. 장기결석, 폭력, 부적응의 경우에도 학교장과 학생부는 학생에게 전학을 종용한다. 특히 의무교육 기간에 해당하는 초등학교나 중학교에서 이렇게 전학을 종용하는 것은 불법이며 비도덕적이고 비교육적인 행위다. 하지만 아무렇지도 않게 이런 불법이 이루어지고 있다.

흔히 전학을 강요받은 부적응아의 가정은 전 가족이 이주할 가정형편이 안 될 경우, 친척집이나 아는 사람의 주소를 빌려서 위장전입을 한다. 이 경우 위장전입으로 문제가 모두 해결된 것이 아니다. 부적응아 전입생을 받는 학교에서는 누가 왜 위장전입을 하는지 잘 알기 때문에 눈에 쌍심지를 켜고 위장전입 여부를 조사한다. 물론 적발하여 기어이 전 주소의 학교로 돌려보내기 위함이다.

이렇게 적발되어 전 주소로 되돌려진다 해도 갈 데는 없다. 떠나보낸 학교에서는 역시 주민등록상 법적 거주자가 아니므로 재전입을 불허한다. 주소를 즉시 옮겨도 6개월 이내에는 전학을 허용하지 않는 것이 관행이다. 학생은 결국 학교를 그만 두거나 두메산골 시골 학교로 나 홀로 전학을 떠나야 한다.

이러한 행태를 두고 학교에서는 '핑퐁게임'이라고 한다. 아이를 이리 저리 돌리고, 떠다밀어서 학교라는 제도권 밖으로 밀어낸다. 이런 일이 가능하도록 대한민국 교육부가 허용하고 있고, 교육공무원인 교장은 애용한다. 이는 교육부 스스로 전인교육을 포기하는 것이고, 제도를 악용하는 행태가 인신매매범의 수법만큼이나 비열

 함께 그러나 다르게, 동료효과

하다고 비난을 받아도 딱히 대꾸할 말은 없는 것이 아닌가 싶다.

전학에도 급이 있고 사연이 있지만, 전학의 전제 조건은 누구에게나 동일하다.

친권자가 자녀와 함께 주소를 이전해야 하며 실거주를 해야 한다. 한국은 미국과 달리 자녀에 대해서 보호자 원칙이 아닌 친권자 원칙을 적용한다. 그러므로 친척이라 해도 법원으로부터 친권자 지정을 받지 않고 부모 대신 아이를 맡아 학교에 보내면 위장전입에 해당한다.

전학을 받는 학교에서는 위장전입이 의심되는 학생이 있으면 동사무소 직원의 방문 확인 요청뿐 아니라 교사들이 직접 해당 가구를 급습하여 실거주 여부를 집요하게 조사한다. 만약 위장전입을 하여 적발되고 당국에 의해 고발조치 되면 주민등록법 37조의 각호에 의거하여 3년 이하의 징역이나 1,000만 원 이하의 벌금을 물게 되어 있다. 용케도 모른 척 넘어가더라도 언젠가 부모가 높은 공직에 나아가게 되면 여죄의 흔적으로 추궁 받으며 깊이 추락하는 요인이 된다. 경우에 따라서는 아이에게도 깊은 상처가 될 수 있다.

지금도 위장전입은 이루어지고 있다. 부모의 직업이 번듯하고 아이가 공부를 잘하는 경우 전학을 받은 학교는 굳이 위장전입 여부를 따지려 들지 않는다. 그런데 적발되는 경우는, 학생의 용의복장이 조금만 이상하고 공부를 못하는 아이가 오면 눈에 불을 켜고 주소를 이 잡듯이 뒤져서 위장전입 여부를 판단하려 든다. 전에 재학 중이던 학교에서 사고를 치고 올 경우에는 실거주가 확인이 되어도 넉넉히 2주 정도는 교과서도 배부하지 않고 지켜보면서 지속적으로 위장전입 여부를 캐내려 들기도 한다. 이 과정에서 위장전입을 한 가족은 부모나 아이가 죄인이 되어 눈물과 한숨으로 시간을 보내야 한다. 교사의 거친 추궁은 끝도 없이 이어진다.

"너 솔직히 말해 봐, 할머니 집에 안 살지?"

"실거주 안하는 거 다 안다. 돌아가라."

결국 위장전입이 확인되면 전에 거주하던 학교로 돌아가거나 그것도 받아주지 않으면 시외 지역으로 강제 이주 당하여 탈학교나 중퇴의 길로 들어서게 된다. 용케도 위장전입이 적발되지 않는다 해도 재학시절 내내 위험은 도사리고 있다. 특히 위성도시에 인접한 서울지역의 학교나 원거리 통학의 위장전입생은 불법이민자의 처지가 되어 때마다 가시방석이다. 툭하면 위장전입 여부를 트집잡히고, 상급학교에 진학할 시기가 되면 다시 한 번 실거주를 확인하는 작업이 학교마다 벌어지는데 담임교사의 눈 밖에 나거나 평소 학교에 비협조적이면 입학원서를 쓸 생각은 아예 하지 말아야 한다.

위장전입은 불법이다. 불법이지만 누구나 다 걸리는 것도 아니면서 유난히 부적응아들을 차별하는 법이다. 사문화된 불법은 고쳐져야 하며, 비교육적인 관행은 사라져야 한다. 주소를 옮기지 않더라도 전학 갈만한 사유가 있으면 전학을 가게 해야 한다. 아이를 학교에 보낼 권리가 있는 친권자 원칙도 보호자 원칙으로 전환해야 한다. 친척이거나 부모의 위임을 받은 제3자를 보호자로 규정하여 전출입의 숨통을 틔워줄 필요가 있다. 위장전입의 문제점을 알면서도 정부는 고치려 들지 않고 학교는 악용하며 부모와 아이는 고통을 받는다. 이는 염치가 없는 짓이다. 몰염치를 묵인하는 사회는 병든 사회다.

피해자 모니터링 요령

- 마음가짐

  나는 성격에 문제가 있어서 폭력을 당한 것이 아니다. 폭력은 누구나 당할 수 있는 일이다.

  나는 가해자 아이들의 폭력이 정말 잘못되었다고 생각한다.

  나는 혼자가 아니다. 나를 도울 수 있는 친구, 가족, 경찰이 있다.

  나는 가해자들을 신고할 것이다. 신고하는 것은 참으로 용기 있는 행위다.

  내가 당한 것을 치밀하게 기록하는 것은 지혜로운 일이다.

- 관찰, 기록, 신고 요령

  언제부터, 무슨 이유로, 누가, 어떻게, 얼마나 심하게 괴롭혔는지를 생각한다.

  생각한 내용을 육하원칙에 따라 일기 등에 기록 한다. 진술서도 그렇게 쓴다.

  특히 괴롭힘 당한 내용은 구체적으로 기록한다.

  상담실에 신고할 때는 반드시 피해사실을 기록한 것을 가지고 간다.

  생활지도부의 신고함을 이용하거나 상담실의 상담신청서를 이용한다. 117상담전화도 있다.

  마음 편하게 보건실을 찾아가 어디가 왜 아픈가를 설명한다.

  외부 상담기관의 신고전화, 인터넷을 사용하여 신고한다.

- 대처요령-가해자가 따로 남거나 보자고 할 때

  가해자가 방과 후에 어디로 오라고 하면 절대 가지 않고 즉시 교사와 부모에게 신고한다.

  길목을 지키고 있을 경우를 대비해서 부모에게 마중 나오라고 전화한다.

  본인이 못할 경우 가장 친한 친구에게 대신 신고를 부탁한다.

- 금품을 빌려달라고 강요할 때

  '없지만 부모님께 말씀드리고 빌려주겠다.'고 하면서 부모님과 상의한다.

  자꾸 강요하면 부모님과 교사에게 즉시 알린다.

  어쩔 수 없이 강탈당할 때는 친구가 목격할 수 있도록 하고 상세히 기록한다.

- 신체폭행 및 언어폭행을 당했을 때

  누가 언제 왜 어떻게 폭행했는지를 상세하게 기록한다. 기록은 증거가 된다.

  폭행을 당한 즉시 병원(언어폭행은 정신신경과)의 진단서를 발부 받는다.

  폭행사실을 증언할 수 있는 친구의 증언물(녹음, 기록, 대필 등)을 준비한다.

• 학교폭력 자치위원회, 경찰 등을 이용할 때

신고하기 전에 먼저 마음을 가다듬고 피해 사실(본인진술, 증언 등)을 기록한다.

신고할 때는 가급적 기록한 내용을 갖고 가거나 근거로 하여 신고한다.

자치위원회에 중재를 요청할 때는 먼저 상담전문가와 협의하여 충분히 준비한다.

• 일기, 신고서 등 작성 요령

다음 글은 중학교 2학년 혜정이가 겪은 실제 내용을 일기로 재구성한 것이다.

　나는 오늘 점심시간에 2학년 4반 진희, 미영, 선희에게 둘러싸여 폭행을 당했다. 어제 미영이가 가져오라는 30,000원을 가져오지 못했다는 이유였다. 먼저 진희가 4교시가 끝난 12시 32분에 나를 보고 잠깐 발코니에서 보자고 했다. 내가 따라 나가자 미영이와 선희가 어디선가 나타나서 함께 따라왔다. 그 아이들이 순식간에 나를 에워쌌다.

　"즐! 어떻게 3만원도 없니! 해골을 부숴버릴까?" _진희

　"너, 사진에 검은 테 두르고 병풍 앞에서 향냄새 맡고 싶니?" _선희

　"또 담임에게 이를래? 옥수수를 다 뽑아줄까." _미영

애들이 협박하면서 나를 때렸다. 나는 울면서 돈이 없다고, 담임 선생님에게 말하지 않겠다고 말했지만 애들은 계속해서 때렸다.

선희가 나의 오른쪽 뺨을 두 대 때리자 입에서 피가 났다. 입안에서 폭탄이 터진 것 같았다. 미영이는 내 머리카락을 세 번이나 잡아 쥐고 흔들었다. 다 합치면 새끼손가락 굵기만큼이나 머리카락이 빠졌다. 머리카락이 빠질 때는 정신을 잃을 것만 같았다.

나는 계속 네 번이나 '말 안할게'를 반복하며 빌었지만 세 명이 내 뺨을 돌려가며 두 대씩 더 때렸다. 내 볼은 토마토처럼 부어올랐다. 미영이는 재활용 박스에서 사이다 캔을 꺼내 돌아서는 내 등짝을 두 차례나 찍었다. 나중에 집에 와서 보니 어떻게 찍혔는지, 속옷까지 구멍이 뚫리고 등에 피멍이 들었다.

죽고 싶다. 내일도 그 애들이 교실에 들어와서 나를 찾을 텐데…….

04

학생인권을
보장하는 학생생활규정

학생들은 예나 지금이나 학교에서 영문을 모른 채 부당한 생활 규제에 시달리고 있다. 학교는 재학생을 통제하기 위해 학생생활 규정(선도규정)을 운영한다. 학교마다 조금씩 차이가 있지만 용의복장을 규정한 내용은 대동소이하다. 서울시내 5개 중·고등학교의 선도규정 중에서 표본적인 것만 살펴보도록 하자.

- 양말은 흰색 면양말을 착용하되 복숭아 뼈 위로 올라오는 것은 금지한다. _B여중
- 가방은 적색 등 원색 칼라는 금지한다. 소지한 모든 가방 종류는 B4 용지 이상의 크기여야 한다. 금지한 가방을 소지한 경우 압수한다. _A여자고등학교
- 두발은 단정해야 하며 귀밑 3센티미터 이상 기르는 것은 금지

한다. 일체의 염색과 퍼머를 금지한다. _D고등학교

- 목걸이와 귀걸이 등 장식품은 금지한다. _C고등학교

- 외출은 병원진료의 사유에 해당될 때만 허용한다. _A중학교

- 학생이 외부단체에 발제, 토론 및 참가할 때는 학교장의 허가를
  받아야 한다. _J고등학교

- 동아리 활동의 점수는 학교에서 CA로 개설한 특별활동반에게
  만 허용한다. _H, M, B고교

어떤 학교는 학생들에게 하고 싶은 말을 할 수 있는 표현의 자유조차 봉쇄하고 있다.

서울의 J고는 징계기준이 담겨있는 학생생활규정 제64조에 '학생은 교외에서 학교장이 인정하지 않는 단체에 가입할 수 없다'는 내용을 담아 놓았다. 이 조항을 어길 경우 6일 이내의 사회봉사 활동을 해야 한다. 현재 학교 밖에는 많은 학생자치 단체들이 있지만, 단체에 가입하거나 활동하기 위해선 일일이 학교장의 허락을 받아야 한다. 이보다 더한 것도 많다.

1970년대나 1980년대의 군사정권기를 연상시키는 규정들이 버젓이 존재한다. 특히 정확한 내용 없이 불온 · 불손 · 불량 · 선동 · 주동 등의 추상적인 내용으로 가득하다. 무엇이 불온한지, 불손한지에 대해서나 어떻게 하는 것이 학생들을 선동하는 것인지에 대한 설명은 없다. 학교규정에서 학생들의 사상마저 검증하고 있는

것은 아닌지 우려 된다.

K고의 규정을 보면 불법집회 또는 불량서클에 참석하거나 가입한 학생, 허가 없이 서클을 조직하거나 운영하여 교칙을 문란하게 한 학생, 학생을 선동하여 질서를 문란하게 한 학생, 동맹휴학을 선동·주동하거나 동참한 학생, 정치관여 행위, 학생신분에 어긋나는 행위를 한 학생에 대해 문제를 삼고 있다. Y고에서는 반국가적 언동을 한 학생, 사상이 불온하거나 이적 행위를 한 학생, 각종 통신이나 투서 등의 행위로 교사나 학교의 명예를 손상시킨 학생을 징계에 처한다.

아직도 학교의 선도규정은 학생들의 자유롭게 누려야 할 표현의 자유를 침해하는데 사용되고 있다. K고의 한 학생회장은 학생회연합 단체에 가입하기 위해 교장에게 문의했으나 교장이 허락을 하지 않아 가입을 하지 못했다. 한 학교의 동아리는 학교장의 허락 없이 동아리실 보장, 동아리 지원 확충 등의 내용이 담긴 외부행사에 나갔다는 이유로 징계를 받아야 했다.

학교 안에서 학생들의 정치활동은 '학생 선도 규정'에 의거, '정치에 관여하는 행위를 하거나 학생의 본분에 어긋나는 집단적 행동으로 수업을 방해한 자'로 분류돼 퇴학처분의 사유가 되고 있다.

2005년. 미션스쿨의 종교자유, 예배선택권을 주장했던 강의석 군은 당시 학교 방송시설을 무단으로 사용하고, 학생들을 선동했다는 이유로 퇴학처분을 당했다. 강군은 자신의 행동이 학칙에 위반되고, 퇴학의 사유가 된다고 인식하지 못했으나, 학교 측은 학칙을 근거로 해서 퇴학 처분을 내렸다고 밝혔다. 현재 학교운영위원회에는 학생대표가 참여하여 학교운영에 관한 사항을 심의하거나 의결할 수 없다.

서울 K고는 대의원회를 소집하고자 할 때는 안건을 작성하여 적어도 회의 1일 전까지는 학교장의 승인을 받아야 한다는 조항을 두고 있다. 이 조항은 학교별로 날짜에 차이가 있을 뿐, 의장이 대의원회를 소집하고자 할 때 학교장의 승인을 받아야 하는 것이다.

의사결정의 과정은 '회의'를 거쳐야 올바르게 성립된다고 할 수 있다. 그런데 학생회 회의를 소집하는 것조차 학교장의 승인을 받지 않고서는 불가능 하다면, 학생들이 자유롭게 의사소통할 수 있는 통로를 학교 측에서 막는 것이라고 볼 수 있다.

이렇듯 학교는 학칙과 선도규정이라는 잣대를 이용하여 학생을 무기력하게 만들고 있다. 말하고 싶을 때 자유롭게 말 할 수 있는 권리는 현재 대한민국 청소년에게는 존재하지 않는 것 같다.

충남 보령의 D여고는 주번에게 전교생의 생활동태를 파악하도록 하고 있다. 경북 K예술고 등 전국의 중·고교는 수업료 체납시 출석을 정지시키거나 퇴학시킬 수 있다는 학칙을 갖고 있다. 의무교육대상인 중학교의 경우 사실상 퇴학은 징계를 통한 유예나 선도 처분 등이 법적으로 불가능하다. 하지만 서울 B여중 등 상당수 중학교에서 퇴학처분 규정이 엄연하게 존재한다.

초·중등교육법이나 시행령에도 없는 '정치에 관여하거나 집단 행동으로 수업을 방해하는 행위' '학력이 열등하여 학업 이수의 가망이 없다고 인정된 자' 등은 처벌한다는 내용을 학칙에 포함시켜 법을 스스로 위배하고 있다.

대부분의 고등학교는 학생들이 자연스럽게 가입하는 학생자치회 운영규정에 '정치목적의 사회단체에 가입하거나 정치활동을 할 수 없다'고 명기하고 있다. 이 규정은 학생들이 다양한 매체를 통해 쉽게 정치 현실을 접하고 있는 점을 감안하면 과도한 규제라는 여론이다.

서울 J여고의 경우 '정치관여 행위'나 '임의로 서클을 만드는 행위'에 대한 처벌 등 모두 9개항의 징계 규정을 학칙에 두고 특별교육 이수나 퇴학처분이 가능하도록 했다. 현실성 없는 구시대적 학칙의 예도 있다.

공무원 조직이나 민간 기업에서 이미 수년 전 사라진 '보증인 제도' 역시 중·고교에 버젓이 남아 있다. 인천 Y정보고 등 대부분의 고교는 학칙에 '보증인은 학생의 친권자 또는 후견인으로 한다.'고 명시하고 있고, 인천 K중학교 등 일부 중학교에도 이 규정이 남아 있다. 서울 S중학교는 '징계를 받고 3개월이 경과한 후 충분히 반성하였음이 확인되면 담임교사는 해당 학생의 사면 심의를 위원회에 의뢰할 수 있다'고 해 학칙과는 어울리지 않는 사면 용어를 사용했다. 서울 S여고는 시대에 뒤떨어진 '불온문서를 은

닉·탐독·제작·게시·유포하거나 백지동맹을 주장한 자를 퇴학 처분할 수 있다'란 규정이 있다. 대부분 학교가 사용 중인 '근신' '정학'이란 용어도 과거 군사정권 때나 사용되던 징계 용어다.

대학의 학칙이라고 해서 모두 자유로운 것은 아니다. 정치활동 금지에서부터 재학 중 결혼 금지, 과도한 화장 불허 등 차마 웃지 못 할 내용이 수두룩하다. 유신정권에서나 운영되었을 법한 학칙은 유사시 대학이 필요할 때 학생을 징계할 수 있는 전가의 보도로 활용된다. 경고, 근신, 퇴학 등 처벌에 해당하는 대학들의 허무맹랑한 학칙을 살펴보자.

- 재학기간 중 본교 학생과의 결혼을 금지한다. _성결대
- 허가받지 않은 유인물, 영상물 등은 금지한다. _부산카톨릭대
- 학생은 교육목적에 위배되는 정치활동을 할 수 없다. _서강대
- 학생은 정당 또는 회원단체에 가입하거나 활동함을 불허한다. 학생으로서 대외행사에 참가하고자 할 때에는 총장의 허가를 얻어야 한다. _국민대
- 학생단체의 구성원과 조직도, 활동계획을 학교에 신고해야 한다. _포항공대

이와 같은 대학들의 학칙은 분명 일제日帝의 잔재일 뿐이다. 근

대국가를 운영하는 대한민국의 민주체제에 합당하지 않다. 그러나 이 문제가 사회적 관심사로 떠오르고 정치권에서 나서기 전까지는 대학들 스스로 고치려 들지 않을 것이다.

　학교폭력 가해로 인한 징계사항을 중고교에서 5년간 학생생활기록부(학생부)에 기재하는 조치를 놓고 이주호 교과부 장관과 진보 교육감 사이에 고소고발이 이어졌었다. 김상곤 경기도 교육감은 학생부 기재를 보류시켰다. 교과부는 김상곤 교육감에게 시정 및 직권취소 명령을 내렸으며, 이에 불응하는 장학관급 이상 교장들 30명을 징계하였다. 징계를 받은 교장들은 4년씩 두 번 하게 되어 있는 교장중임제에서 제외될 수 있는 불이익을 받을 처지에 놓였다. 2013년 김상곤 교육감은 교과부장관을 피고로 '시정명령 및 직권취소 처분 취소청구'(대법원 2012 추183번) 소송을 대법원에 제소하였다.

　이와 관련하여 국가인권위원회에서는 학교의 학생인권문화조성 차원에서 졸업 전 삭제 심의제도 혹은 중간삭제 제도를 도입할 것을 교과부에 권고하였다. 물론 교과부는 응하지 않았다. 교과부 장관은 국가인권위원회의 권고를 무시한 채 진보 교육감이 자신의 지시를 이행하지 않는다고 고발 징계하였다. 법리적인 문제를 떠나 중앙정부와 지방정부 간에 심각한 갈등이 야기되었지만 청와대와 총리실은 조정을 하지 않고 방관으로 일관했다. 결국 학생이 졸업한 후 2년간 기록을 보관하기로 교육부가 결정하면서 이 문제는 막을 내렸다.

학교폭력의 학생부 기재가 옳으냐, 그르냐의 문제는 매우 소모적인 토론이다. 정작 문제는 기재의 주권이 누구에게 있느냐는 것이다. 정부가 기재를 원하면 지침으로 할 것이 아니라 시행령으로 학교폭력 징계를 학생부 필수 기재 항목으로 지정하면 된다. 그러면 교육감이 세부적인 시행방법을 만들 수 있다.

영구기록인지 한시적 기록인지는 방법을 정하고, 단위학교의 담임교사는 그에 관한 내용을 구체적으로 기록하면 될 일이다. 그 동안 모든 학생부 기재가 그러한 방식으로 진행되어 온 관례가 있다.

그런데 유독 이 문제만 교과부가 법리를 내세워 강행한 것은 크게 잘못된 일이다. 학교폭력 예방의 교육적 측면을 완전히 무시한 것이다. 일선학교의 선생님들이 선도하고 징계한 사항을 교육적으로 풀어서 학생부에 기재할 수 있는 여백을 없앤 것이다. 주민 직선으로 뽑힌 교육감들과 머리를 맞대고 협의하지도 않은 것은 더욱 잘못된 일이다. 안타까운 일이다.

한편, 한국의 선도규정은 일제日帝의 학칙을 큰 수정 없이 답습한 이래 큰 변화를 보이고 있지 못하다. 그 특징을 정리하자면 이렇다.

● 현재의 학생생활지도와 선도규정은 일제의 학교규칙에 근거한

것이다.

- 선도규정은 일제의 학생군복이었던 교복을 기준으로 설정·운용되고 있다.
- 식민지 시절처럼 학교규칙은 내면화內面化, 즉 통제와 지시의 이행을 위한 도구이다.
- 일제 강점기의 규칙은 군사제도의 일환이었다. 그러므로 지금의 선도규정은 군율이나 마찬가지다.

이와 같은 현실에서 학교생활규정은 학교장이 마음만 먹으면 무소불위의 권력을 행사하고 기준을 자의적으로 적용할 수 있는 부작용이 생길 수 있다. 특히 학생징계를 결정하는 선도위원회의 경우 학교장이 위원을 임의로 위촉할 수 있기 때문에 선도규정의 공정한 재·개정 절차를 확보하기란 쉽지 않다. 규정을 개정할 때도 대개 학생부장이 교직원회의에서 공지하고 형식적으로 의견을 구하여 학교장이 결정하는 관행으로 인해 투명성과 신뢰성을 얻기 어렵다고 볼 수 있다. 그나마 이러한 절차조차 제대로 지켜지지 않고 있다. 학생인권 보장이 어려운 것은 구조적이고 제도적인 문제가 쌓여 있기 때문이다.

이 문제를 해결하려면 먼저 두 가지 측면에서 고려하고 접근해야 한다. 하나는 학생인권을 규제하는 '학생생활규정'에 대한 올바른 이해와 개정의 노력이 그것이고, 다른 하나는 두발과 용의 복장의 기준standard이 되는 '교복의 존폐'에 대한 토론 전개이다. 학생인권을 보장하기 위해서는 학생인권 침해의 근간인 학교생활규정과 숙주인 교복의 문제를 외면하고 피해갈 수 없다. 오히려 깊이 이해하고 홍보하고 공론화해야 한다.

교육선진국의 교칙은 '하지 말라.'라는 규제 일변도보다는 '한다.'라는 책무성이 깃든 교칙이 많다. 벌칙 역시 전근대적인 처벌보다는 생활주기life cycle에 따른 벌칙조항이 주류를 이룬다. 또한 학생에게만 적용하는 한국의 학교생활규정과 달리 학생·학부모·교사에게 모두 적용할 수 있는 학칙으로 구성되어 있다.

독일은 학교위원회에 학생대표의 참여를 법적으로 보장하여 생활규정 제·개정 시 학생의 의사를 제도적으로 반영하고 있다. 특히 독일의 학교운영위원회는 협의체의 성격을 갖고 있으며, 대개 학부모와 학생(1/2), 교사와 학교장(1/2)으로 구성한다. 여기에서는 학교행사, 상담, 예산, 지역사회 협력 등 학교운영의 전반에 대해 심의하고 의결한다.

프랑스는 1986년부터 중등학교 학교관리위원회에 교사(2/6), 학생·학부모·교장(1/6)이 참여하도록 법제화하여 학생의 학교운영 참여를 보장하고 있다. 여기에서는 학칙, 자치권, 교육과정, 교과서, 학교개방 등 전반적인 운영의 문제를 심의 의결하는 기능을 갖는다.

일본의 학교에서 끊임없이 발생하는 체벌의 원인 제공 배경의 경우에는 여러 가지 요인이 작용하고 있다. 가정의 체벌은 체벌문화를 형성하고, 사법당국의 체벌 일부 허용은 사회적 분위기를 형성하며, 문부성의 모호한 지침은 체벌을 합리화하고 있다. 그와 관련하여 학교의 교칙은 강압적이고 인권침해적인 요소를 담고 있다. 일본의 청소년 인권가 아라마끼 시게토 교수 역시 학교환경 자체의 변화를 가져오게 해야 한다는 입장이다. 그는 다음과 같이 강조하고 있다.

- 아동의 권리 침해 구제 장치를 체계화해야 한다. SOS나 아동옴부즈퍼슨제를 확대해야 한다.
- 학교에서 아동의 참여권을 보장하고 확대해야 한다.
- 교사를 입시도구나 행정업무의 노예로 만들지 말고 인성교육을 하는 자율적 존재로 재규정해야 한다.
- 민주적 평등교육의 체계를 확립해야 한다.
- 입시교육을 탈피하여 개성을 존중하고 창의성 있는 교육풍토를 조성해야 한다.

이에 관하여 고려대 표시열 교수는 현실적인 학생 인권침해 현황의 진단을 통해 법적인 해결책을 강구해야 한다고 권고하고 있으며 다음과 같이 그 원칙을 제시하고 있다.

- 학생으로 하여금 자아 존중감을 갖도록 해야 한다.

- 정부에서 학생인권에 대해 체계적이고 적극적인 홍보를 해야 한다.
- 체벌금지나 표현의 자유를 초중등교육법에 명시해야 한다.
- 입시 위주의 교육을 전인교육으로 재편해야 한다.
- 학생이 학습 의무를 준수하도록 제도를 마련해야 한다.
- 민주적인 교칙을 제 · 개정해야 한다.
- 인성교육을 강화해야 한다.

스웨덴 같은 서구의 국가들 역시 약속과 합의라는 교육적 의미에서 학칙을 신중하게 마련하고자 하는 노력을 게을리하지 않고 있다. 스웨덴에서는 1969년부터 이러한 공동학칙의 제정과 운영을 학부모 대표와 학생대표를 포함한 학교운영협의회에서 토의할 것을 '기초학교학습지도요령'이라는 법적 규정을 통해 체계적으로 마련하고 있기까지 하다.

미국 일리노이아주 211학군에서는 학생, 학부모, 교사, 지역이 함께 참여해서 학칙을 만드는 풍토를 세웠다. 학칙 속에는 아이들의 생활주기를 고스란히 담았다. 일부러 자치를 학습하지 않아도 생활 속에서 자치가 이루어진다. 이렇게 학칙을 만들 때부터 학생회, 교사회, 학부모, 지역인사들이 모두 참여하여 정한 규정은 학생뿐 아니라 교장, 교사, 지역사회까지 지켜야 할 의무를 폭넓게 담는다. 지역의 주민들은 학칙에 명시된 순회 시찰 교육(경찰서,

소방서에서 선도 교육 연계 프로그램 마련 등)에 기꺼이 응하여 학교 교육이 360도 전방위 생활교육이 될 수 있도록 참여한다.

- 9학년 벤과 메리는 다음 주까지 방과 후에 이용할 수 있는 교내의 실내 농구장 출입을 금한다.
- 제이콥은 기말시험 면제 혜택을 받을 수 없다.
- 9학년 여학생을 성희롱한 11학년 제임스는 학생회 주최 졸업댄스 파티 참가를 불허한다.
- 학교폭력 신고를 받은 교감은 학칙에 따라 12시간 내에 당국에 신고해야 한다.
- 소방 벨을 누른 아이의 교육을 의뢰받은 소방서장은 일주일에 2시간의 소방교육을 실시해야 한다.

벤과 메리는 5달러씩을 걸고 몰래 즐겼던 내기 체스의 대가를 치렀다. 동급생인 이스트 제닝에게 상습적으로 폭언을 퍼부은 제이콥은 리포트로 대체할 수 있었던 기말시험을 직접 봐야 한다는 벌칙을 통고 받았다. 그 결과 자칫하면 섬머스쿨에 출석하는 신세가 될지도 모른다. 하급생 줄리엣에게 외설을 일삼았던 제임스는 가장 무거운 벌칙에 해당되는 졸업댄스 파티를 놓치게 되었다. 제임스는 한동안 연애하기는 틀린 것 같다. 미국의 한 고등학교 교실에서 흔히 일어나는 풍경이다.

학교행정가가 통고하는 학칙 위반에 대한 벌칙 내용은 하나같이 아이들에게는 단호하고 아픈 생활영역에 속한다. 학칙이 포괄하는 범위는 곧바로 자신이 몸담고 있는 생활의 범위life cycle에 해당되기 때문이다. 물론 학칙 제정에 학생회가 여론조사를 하면서 주체적으로 참여한다.

학생인권 문제는 국제적인 대세이다. 교육부 장관과 교육감들은 학생인권 문제를 깃발성 시책으로 변질시켜서는 안 된다. 우선 합심하여 학생회 법제화를 추진하고, 이를 바탕으로 학생인권 조례에 학생들이 주체적으로 참여할 수 있도록 조치해야 한다.

우리나라의 헌법, 법률, 조례 등 국내 법령과 유엔아동권리협약은 인권 친화적 학교문화의 조성을 통하여 학생들의 인권이 보장될 수 있도록 여러 가지 가치를 실천하는데 주안점을 두고 있다.

청소년의 교육적 인권은 학생의 성격, 재능, 양심을 발전시키고 이용할 수 있으며, 정신적 욕구 및 기타 욕구를 충족시킬 수 있는 권리로서 학생은 사랑의 대상이자 권리의 주체natural right라는 의미를 지녔다. 이는 학생의 교육적 인권은 학교교육 또는 사회교육의 과정에서 존중되고 보호된다(교육기본법 제12조①항)로 요약할 수 있다.

교사의 교육적 인권은 학생은 학교의 규칙을 준수하여야 하며, 교원의 교육 · 연구활동을 방해해서는 안 된다(교육기본법 제12조②항)는 뜻으로 해석할 수 있으며, 이로써 학교교육은 학생의 창의력 계발 및 인성의 함양을 포함한 전인적 교육을 중시하여 이루어져야 하고(교육기본법 제9조③항), 학생이 교육을 받는 것은 사람됨, 재능, 정신적·신체적 능력을 맘껏 개발하기 위해서이다.

유엔아동권리조약 제29조는 교육을 통해 학생은 자유로운 사회에서 다른 사람들의 권리를 이해하고, 깨끗한 환경을 생각하며, 책임질 줄 알고 평화롭게 살아가는 법을 배워야 한다고 규정한다.

이 시점에서 우리는 왜 학생인권에 주목해야할까? 청소년이 단순히 미래의 주인공이기 때문에 그런 것은 아니다. 국가경쟁력이 달려있기 때문이다. 유엔은 21세기의 바람직한 인간상으로 '소통과 리더십의 인간상'을 꼽았다. 사랑의 대상이자 권리의 주체인 청소년이 사랑받고 스스로 권리를 주장하는 것은 글로벌한 인간상을 구현하는 길이다.

최근 진보교육감이 있는 지역에서 실시하는 학생인권조례를 살펴보면 ①학교 내 체벌금지 ②강제 야간자율학습·보충수업을 금지 ③두발·복장의 개성 존중 및 두발 길이 규제 금지 명시 ④소지품 검사 학생의 동의 ⑤휴대전화 소지의 부분적 허용 ⑥특정 종교행사 참여 및 대체과목 없는 종교과목 수강 강요 금지 ⑦인권교육 의무화 등을 포함하고 있다.

05

학급에서
학점제로 DNA를 바꾼다면

한국의 학생들은 담임반 교실에 붙박이로 앉아서 수업을 하고, 방과 후에는 의무적으로 청소를 한다. 교실과 복도를 쓸고 닦고, 특별구역을 비롯해서 넓디넓은 학교의 구석구석을 청소한다. 학생은 청소부가 되어 매일매일 허덕이며 쓸고 닦아야한다.

청소를 하는 행위가 교육적인가 아닌가 하는 논쟁은 간단한 문제가 아니다. 만약 교육적이라면 왜 교과나 특별활동으로 점수화시키지 않는지 알 수 없고, 또 그렇게 필요한 교육이라면 왜 대학이나 사회인들은 하지 않는지 궁금하다. 물론 청소라고 해서 아이들 모두 다 참여하는 것은 아니다. 학급의 회장단과 방송반 등 감독자의 위치에 있거나 중요한 일을 하는 학생들은 청소를 면제받고 주번에서도 제외된다.

학생들만 그런 것도 아니다. 교직원은 담임과 비담임으로 역할이 구분되어 있다. 모두 평교사로 이루어진 담임교사는 청소감독부터 시작하여 교문지도, 주번교사, 시책성 홍보 동원, 교실의 시설 보수, 기타 일손 돕기 등에 사실상 의무적으로 동원된다. 반면에 교장, 교감, 행정실장, 부장교사, 상담교사, 사서, 수위 아저씨, 매점 아줌마 등 보직자들이 대부분인 비담임 교직원들은 이러한 잡무에서 비켜서 있다.

오히려 이들은 온갖 경로를 통하여 끊임없이 그 무엇인가를 학급담임에게 요구한다.

요구사항을 '요구'하는 것이 오직 이분들의 중요한 임무다. 결국 청소를 비롯한 요구사항을 수렴해서 이행하는 것은 학생들과 담임들의 몫이다. 교육부에서 어떤 정책 사항을 발표해도 그것을 시행하는 당사자는 담임교사이다. 담임과 비담임 사이에는 '청소와 잡무'라는 강이 놓여있다.

청소는 교수학습의 연계성, 인성지도의 반영, 교육과정의 적용, 업무의 전문성에 비추어 볼 때 교육내용과 무관하다. 어떻게 보면 학급이라는 한국적 특수성에서 불거진 것이 청소 문제일 뿐이지 여기에는 많은 의문과 사연이 숨어 있을 수 있다.

서울의 S여중에서 학생 200여 명을 대상으로 조사한 '학급의 역할'에 대해 90% 이상의 학생들이 학급에서 가장 중요한 일은 '청소'라고 답했다. 학급의 존재 의미를 되새기게 하는 대목이다.

학급은 권리보다 의무가 존재하는 곳이다. 학급이라는 테제

These는 횡적 개념이 증발된 종적 개념을 보다 많이 담고 있다. 감동적인 담임의 영혼조차 학급이라는 종적 공간에서 '종적 가르침'으로 이어진다. 다만 학급이 존재하지 않는다면 청소제도, 담임의 잡무 등 억압기제가 지금처럼 획일적으로 존재할 수 없었을 것이다. 지금처럼 학생자치가 학급이라는 좁은 공간에 갇혀 의식의 제자리 뛰기를 반복하는 한계도 되풀이되지 않았을 것이다.

선진국이라 불리는 나라들은 보편적으로 학급담임제 대신 교과담임제를 실시한다. 학생이 교과교실을 순회하다보니 교육과정 역시 수준별로 선택할 수 있는 학점제를 적용한다. 학교폭력이나 왕따가 발생하기 힘든 구조이다. 학생이 시간표를 짜고 교실을 찾아가기 때문에 강제로 학급에 갇히지 않는다.

그러나 한국의 학생들은 학급에 갇혀서 국가가 강제하는 단위제 교육과정을 수행한다. 일제 시대부터 시작된 초중고의 학급담임제는 국격을 논하는 현시대까지 한번도 바뀌지 않은 교육제도다.

일제가 반班이라는 명칭으로 학급의 의미를 정의하고 담임교사에게 일본도를 차게 하여 입실을 시킨 것은 학교를 준군사 시설로 편제했기 때문이었다. 이것은 대동아 전쟁을 수행하기 위한 포석이었다. 학교의 학급은 일본에게 준군사조직이었던 것이다.

한편 서구 OECD 국가들이 기독교 교회의 소유였던 학교를 국가 소유의 공교육으로 재편하면서 교회행정의 말단 기구인 학교 체제를 서구 과학문명의 속도에 맞춰 지식과 기술을 습득하기 위한 교과교실제로 개방하고 학점제 형태로 운영한 것은 역사발전의 순리를 따른 것이었다. 그러나 우리나라는 여전히 식민지 교육의 대표적인 잔재라 할 수 있는 학급담임제와 국·검정 교과서 제도를 유지하면서 교육개혁의 변화를 답보하고 있다. 그 결과 학교의 교육은 가치기업價値企業의 의미로 해석되기보다는 말단 행정기구의 도구로 규정되었다. 그 세월이 너무 깊은 나머지 이제는 누구도 손을 대기 어려운 지경에 이르렀다.

한국에서 학급은 교육행정의 기본단위로 작용한다. 교원 수와 교육전문직의 수, 심지어 행정직의 규모까지 학급을 기준으로 해서 편성한다. 초중등교육법 시행령은 교원 수와 교감, 교장의 수를 학급당 몇 명 식으로 정하고 있고, 그를 바탕으로 교육전문직(장학사 및 교육연구사)과 행정직의 규모를 산정한다. 교육과정의 세부사항은 붙박이 학급 교실에서 교수학습이 용이하게 이루어지도록 짜여있다.

학급담임제로 인해 교육의 가치는 좁은 학급에 갇혔다. 학교의 학급과 담임은 우리에게 태초부터 존재하는 문화가 되었다. 흑백의 교복은 붙박이 반에 걸맞은 유니폼이고, 교원의 능력과 성과를 평가하는 근무평가 및 성과급의 진정한 기준은 학급을 토대로 이루어지는 행정잡무의 영역이다.

교장공모제를 하고 교육과정을 개정해도 그 모든 것들은 학급이라는 하드웨어에 갇힐 뿐이다. 이젠 교원평가, 근무평가, 자유학기제 등 쉬운 행정개혁만 하지 말고 학급담임제 폐지, 학점제 도입 등 통 큰 선진국형 교육개혁을 일구었으면 좋겠다.

동료효과는 동료의 행동과 사고방식에 영향을 받아
개인의 생활을 변하게 한다

_2부

함께 그러나 다르게

Peer Effect

교사에게 최고의 가치는 가르침이다. 스승 노릇의 가치는 모든 것에 우선하는 우선순위였다.
누군가 시킨 것이 아니라 선후배 간에 저절로 그렇게 살았다. 그러나 승진파 교사는 성과급 S등급을 독식하는
일이 거듭되고, 잘 가르치는 일이 천시되어도, 성과급의 급간 차액이 늘어나는 모순을 키워왔다.
인기투표에 밀려서 집체교육을 받는 교사들의 한숨 소리가 높아지고, 교육적인 체벌마저 브로커에게
거액을 뜯기는 동기로 작용하는 교단에서, 교사는 이미 '교육자'가 아니다.

1장

길을
헤매는 학교에서

"선생님. 저… 공연비를 못내요."

조회를 끝내고 돌아 선 담임에게 선영이가 들릴락 말락 작은 목소리로 말했다. 학년에서 단체로 가는 뮤지컬 공연비가 없다고 한다. 신청 마지막 날까지 입을 다물었던 선영이가 간신히 구조요청을 한 것은 그나마 다행스런 일이다.

생활보호대상자나 생계가 어려운 아이들이 줄지 않고 있다. 서울에서도 풍요롭다는 강남에 빈곤층 학생이 늘어나고 있다. 특히 이혼이 늘어나면서 결손가정 또한 증가하고 있다.

적잖은 학생들이 가정의 고충이나 생활상의 문제로 고민한다. 35명, 학생들의 눈망울에는 35개 가정의 애달픈 정서가 담겨 있다. 아이들은 지난 밤 가정에서 느꼈던 행복과 불행을 고스란히 가슴에 담고 학교에 온다.

미술 준비물을 구입하지 못할 정도로 돈이 마른 집안의 딸로 태어난 슬기, 무료급식이 아니었다면 당장 점심을 굶어야 할 선영이, 어쩌다 일진으로 찍힌 친구들 집단에 들어가 날마다 학생부에 불려 다니는 보영이, 학급의 환경미화를 혼자 다 해낼 정도로 끼가 넘치지만 토요일 오후와 일요일 하루 내내 입시학원에서 보내야 하는 하영이. 학생들의 어깨 위에는 자신이 몸담고 있는 가정의 무게가 있는 그대로 실려 있다.

의무교육를 받는 시대에 희망 대신 절망을 안고 사는 아이들의 진정한 바람은 무엇일까?

정상적으로 학교생활을 할수있도록 이 선생은 다른 아이들에게 표가 나지 않도록 선영이를 배려했다. 학교폭력 가해자의 일원으로 학생부의 조사를 받은 보영이가 눈에 띄게 선량해진 것은 담임교사의 따뜻한 지도가 있었기 때문이다. 보영이와 그의 친구들을 불러 모아 함께 떡볶이를 먹으며 애정 어린 관심을 표하는 담임교사를 보면서 보영이는 감동 하는 눈치다. 엄한 엄마의 눈초리에 떠밀려 휴일까지 학원 공부에 매달려야 하는 하영이는 '황사가 심하다며 건강을 위해 외출을 삼가'라는 담임선생님이 전화를 받고 공부 이전에 중요한 것이 또 있다는 사실을 깨닫는다.

나는 교사 초임시절에 제자 두 명을 제적시킨 일을 크게 후회한다. 그 제자들은 쌍둥이 자매였는데 등록금이 계속 밀렸다. 보호자는 등록금을 납부할 능력이 없었다. 윗분들의 권유를 나는 아무런 대안도 만들지 못하고 그대로 이행했다. 그리고 얼마가 지난 어느 날, 거리에서 자매를 만났다.

"선생님, 우리 학교가고 싶어요. 언제 갈수 있나요."

새처럼 가냘픈 두 자매가 나에게 매달렸다. 제자를 보기가 부끄러웠던 나는 황망하게 그 자리에서 도망쳤었다.

그런 일이 있은 며칠 후, 나는 후회와 자책의 눈물을 흘렸다. 누구나 참 많이 가난했던 시절이었다고, 어쩔 수 없었다고 자기합리화도 이루어지지 않았다. 나는 담임으로서 그 제자들을 책임졌어야 옳았다. 나의 무책임과 비겁함과 부끄러움 때문에 애통했다. 교단에 있으면서 제자가 어려움에 봉착하면 자매의 눈망울과 목소리가 또렸하게 떠올랐다. 이제는 후회할 일을 만들지 말자라고 마음을 되새겼다.

그들은 어디서 무엇을 하며 살고 있을까? 아직도 제자들은 나를 원망할까? 아마 그럴 것이다. 나는 부끄러운 선생이었고, 평생 무엇을 하든 그 죄스런 기억은 지워지지 않는다. 그저 그 아이들의 선생이었다는 것이 미안하고 부끄럽다.

학생들은 잘 모른다. 공교육 투자가 무엇인지, 교육부 장관이 텔레비전에 나와서 학급당 인원수를 줄이겠다는 것이 무엇을 의미하는지, 교육정보화 사업이 무엇인지…. 그저 학생들은 자신을 잊지 않는, 따뜻한 눈길을 보내주고 포근한 말을 나누어주는 단 한 사람의 선생님을 통해 교육의 의미가 무엇인지를 느끼고 깨닫

는다. 짧은 한순간이라도 선생님의 사랑을 경험한 학생은 세상을
아름다운 시선으로 바라본다. 선생님이 아름다워지면 학생들도
아름다워진다.

교육공동체
회복을 위하여

지금의 50대는 혼돈의 시기를 살았다. 사회 문화적인 측면에서 체험한 경험 또한 그 어느 세대보다 진폭이 크다.

어린 시절에는 희미한 등잔불 아래서 한글을 익혔으며 초등학교 때는 국민교육헌장을 외우고, 대학에 들어갈 때는 예비고사와 본고사를 치렀다. 미군정이 남긴 밀가루 급식 빵과 월남에서 돌아온 김상사의 트랜지스터 라디오에 중독되었다. 시골집의 소를 팔아서 대학을 다닌다고 우골탑 세대로 불리기도 했다. 어떤 젊은이는 민주화 투쟁을 하면서 감옥을 드나들었고, 어떤 젊은이는 고시를 공부하여 판검사가 되었다. 어떤 젊은이는 때마침 출범한 회사에 입사하여 중동으로 돈을 벌러 갔다.

이제 그들은 베이비부머라 불리는 기성세대가 되었다.

퇴직을 앞둔 이들은 노년을 걱정하지만 아직도 많은 베이비부

머들은 정·재계의 주역이고, 일터에서는 리더로 국가와 민족을 책임지고 있다. 어떤 이들은 새로운 신보수의 정치적 성향을 보이면서 진보적인 젊은 세대의 앞길을 가로막고 있기도 하다. 이들은 어떤 교육을 받고 성장했기에 그처럼 시대의 길목마다 파란을 일으키고 있는 것일까. 교육적 시대배경은 무엇일까.

사지선다형 문제를 풀며 학창시절을 보내고, 대학은 선발고사를 통해 진학한 사람들. 이들은 1980년대에 한국에 민주화를 가져오게 한 주역이었고, 1990년대에는 한국이 경제성장을 하는데 든든한 동력이었으며, 2000년대에는 부모와 자식 사이의 낀 세대가 되어 사회의 천덕꾸러기가 되었다.

국민교육헌장을 외우며 주입식 교육을 받았던 그들에게 딱히 무엇인가를 꼬집어 끌어내기에는, 이미 그들의 삶의 여정은 비교적 투명하다. 그래서 문득 '유년의 삶'과 '졸업'을 생각했다. 누구에겐들 유년시절과 졸업이 특별하지 않을까마는 격동의 현대사를 겪었던 50대에게 30년 전에 있었던 유년시절과 졸업은 참 지난한 일이었다.

가난한 유년과 졸업은 50대인 386세대의 삶을 관통하고 있다. 졸업식의 풍경은 곧 한국의 현대 교육사나 다름이 없다.

가을이면 논 자락에 가만히 서있기만 해도 메뚜기 떼가 얼굴까지 뛰어올랐다. 메뚜기를 잡아서 가마솥에 볶아놓으면 그 맛이 고소했다. 까맣게 볶인 메뚜기를 주머니에 넣고 꺼내 먹으며 딱지치기를 하고 구슬치기를 했다. 겨울이면 아이들은 동네 공터에서 땅거미가 내릴 때까지 자치기를 하고, 밥 때가 되면 엄마와 가족이 있는 집으로 돌아갔다.

집에는 형제가 있고 동네 마당에는 언제든 친구가 있었다. 기억이 닿을 수 있는 한계의 꼭짓점, 어린 시절의 저편에는 항상 곁에 '사람들'이 있었다. '사람은 권위적이고 중앙집권적인 위치보다는 분산적이고 횡적인 위치에 놓였을 때 인간적 행복감과 만족도가 높아진다.'는 위치효과Position Effect를 톡톡히 누리고 산 셈이다.

아이에게 가족과 친구와 동네 어른은 억압하고 통제하는 종적 개념이 아니었다. 그들은 늘 곁에 있어주면서 참견하고 챙겨주고 놀아주었다. 횡적개념의 소통communication을 가능하게 해주는 존재였다. 그러나 불행하게도 지금의 우리 아이들에게는 예측 불가능한 미래, 종적 개념의 서열화가 자리 잡은 미래가 기다리고 있다.

엄지손톱만한 고욤은 발효를 시켜야 먹을 수 있는 계절형 저장식품이다. 나에게 이 고욤은 추억의 간식이었다. 그렇다고 동네 아이들 누구나 먹을 수 있는 간식은 아니었다.

고욤은 늦가을 찬 서리가 내려야만 수확한다. 장대로 고욤을 떨어서 수확한 후, 떫은 고욤를 항아리에 담아서 푹 삭히면 달콤한 발효식품이 된다. 이것은 한겨울에 눈이 내리는 날 종지에 담아서 아이스크림처럼 퍼 먹어야 제 맛이다.

할아버지는 겨울이면 우리집 선산을 지키는 심덕 좋은 노부부를 보려고 길을 나서곤했다. 그곳 구내넝골의 노부부는 나를 위해 간식으로 고욤을 매번 내놓았다. 나는 그 맛을 잊지 못해 겨울을 기다려야 했다. 노부부가 반갑게 맞이하면서 내 놓은 고욤은 나에게 음식에 대한 그리움을 남겨놓았다. 그 그리운 고욤의 맛에는 겨울을 기다리게 하는 간절함과 인내 그리고 사람을 보고 싶게 만드는 반가움이 서려있었다. 계절이란 저절로 오는 것이 아니라 기다려야만 온다는 것을 알게 되었다.

고욤의 맛에 길들여진 나는 몰락해가는 지주의 누추함과 순박한 산지기의 슬픔이 무엇인지는 알 수 없었으되, 켜켜이 포개진 다락논의 곡선을 보면서 산골길을 걷는 것을 좋아하게 됐다.

그러나 기다려도 나는 더 이상 고욤을 먹을 수가 없게 되었다. 할아버지의 권위와 착하게 살아가는 산지기 노부부의 정성이 버무려진 결과물을 다시는 맛볼 수 없게 되었다. 할아버지가 중풍으로 쓰러지면서 가산이 기울자 산지기 노부부는 눈물을 흘리며 떠났다. 누가 시킨 것도 아닌데 주인집 도련님이었던 나는 이별을 고하는 산지기 부부에게 큰절로 답인사를 했다. 해마다 고욤을 얻어먹었던 정이 새록새록 새겨져 있던 탓에 헤어짐은 슬펐다. 아이에게는 먹고 마시고, 만나고 헤어지는 일상사가 곧 예절이고 인성 교육이었다.

별채에서 할아버지는 새벽마다 나를 찾았었다.

중풍으로 불편한 할아버지는 당신의 의복을 입혀주고 댓님을 매는 내 모습을 흐뭇하게 바라보았다. 그리고 지팡이를 짚고 손자의 손에 이끌려 뒷동산 왕재를 올랐다. 무덤가를 덮은 잔디와 다북쑥이 우거진 왕재에서 해돋이를 맞았다. 십리 밖 평원에서부터 발갛게 물들이며 왕재로 치달아 오르는 아침 해는 아이에게 항상 신비하고 황홀한 세계였다.

왕재를 내려온 할아버지와 손자는 아침독상을 마주하고 밥을 먹는다. 어머니는 할아버지 밥상에만 오르는 쇠고기 장조림과 계란을 아들이 집어 먹을까봐 날마다 주의를 주었지만 할아버지는 슬그머니 손자의 밥그릇에 그것들을 얹어주었다. 할머니는 동생들 몰래 나를 뒤뜰로 불러서 곶감을 주곤 했다. 곶감은 담뱃재 툭툭 털어가며 임경업전과 춘향전을 읽어주던 할머니가 손자에게 줄 수 있었던 최고의 선물이었다. 배가 아프거나 복통이 심할 때면 할머니는 배를 쓸어주고 곶감을 주며 달랬다.

할아버지와 할머니는 내가 중학생이 되자 돌아가셨고, 나는 그 임종을 가족들과 함께 자리를 지켰다. 손주를 끔찍이도 사랑하셨던 두 분과의 이별은 아프기만 한데 두 분의 주검은 평온해 보였다. 마을 사람들이 모두 모여 망자를 추모하고, 음식을 나누며 술을 마셨다. 떠나보내는 예의와 남은 자들의 바람인 염과 장례를 나는 울지도 못하고 지켜보았다. 임종한 분들에게 가장 사랑 받은 형이 울지도 않자 동생은 나를 무덤 속으로 떠밀어서 한바탕 난리가 났지만 무사히 장사를 지냈다. 슬픔은 한동안 나의 내면을 흔들었다.

엄마가 산고 끝에 막냇동생을 낳는 모습을 보았고, 가족들은 할아버지와 할머니의 임종을 지켰으며, 정든 가족은 함께 밥을 먹었다. 집과 마을은 탄생과 죽음, 놀이와 노동이 공존하는 공간이었다.

할아버지는 손자와 겸상을 하면서 술을 권하고 받는 주도酒道며 밥 먹는 예절을 가르쳤다. '집'에는 '모든 것'이 담겨있었다. 어떻게 가족이 형성되는지, 무엇 때문에 만나고 이별하는지를 체험하게 했다. 따로 가훈이 있고 인성교육이 있는 것은 아니었지만 아이들은 가족이 무엇인지 예법이 무엇인지 저절로 체득했다. 집은 학교에 우선하는 학교였고 할아버지와 할머니는 교사에 우선하는 교사였다.

얼마 전까지 대다수의 국민은 복숭아 꽃, 살구 꽃, 아기 진달래가 지천으로 피는 시골에서 태어났다. 사람들은 집에서 태어나 집에서 죽고, 죽으면 산에 묻혔다. 이젠 사람들의 고향은 꽃피는 시골이 아니다. 병원의 산부인과에서 아이는 태어나고, 사람이 죽거나 죽은 후에는 영안실로 간다.

출산과 육아도 보통 젊은이들의 몫이 아니다. 경제적으로 능력 있는 새댁이라야 아이를 낳을 수 있고, 출산된 아기의 육아는 친정부모의 책임이거나 비싼 등록금을 받는 사설 어린이집 몫이다.

돈이 없는 젊은 부부는 출산과 육아를 회피한다.

한국보건사회연구원(2013년)에 따르면 우리나라 가임연령 여자들의 50% 이상이 출산을 원하지 않는다. 주택 마련과 양육비와 사교육비가 무서워서다. 나이 든 사람은 고향을 잃었고 아이에겐 공동체가 없으며 젊은 여인은 아기를 낳지 않는다. 본래 인성교육과 공동체성은 학교 교육과정의 도덕과목이나 윤리과목이 해결할 수 있는 것은 아니다. 선생님과 부모님, 이 사회 구성원들의 삶이 도덕교과서이자 윤리교과서이다. 마을 인심이 곧 공동체성이었던 것이다.

우리는 공동체성을 되찾을 수 있는 교육 시스템을 마련해야 한다. 교장과 교사가 스승으로 살아가도록 뒷받침해 주어야 한다. 학생들이 시간과 공간에 제약 받지 않고 놀 수 있게해야 한다. 젊은 여인들의 마음을 다독일 수 있는 따뜻한 출산육아 복지가 그립다. 교육은 그 길로 가는 징검다리다. 교육에서 해법을 찾아야 한다.

내가 다닌 초등학교는 졸업생이 100명이 채 안 되는 작은 학교였지만 졸업식에는 있을 건 다 있었다. 눈물 쏙 빼놓는 송사와 답사, 1시간이 넘게 이어지는 교장선생님과 내빈의 축사, 지역유지의 관작명이 날로 박힌 여러 종류의 시상식, 빛나는 졸업장을 타신 언니께 꽃다발을 한 아름 안겨주던 그 졸업식의 풍경은 그러나 빛나는 총천연색 대신 낡은 흑백사진에 고스란히 담겨졌다.

구구단을 외우던 저학년을 지나 마침내 국민교육헌장을 외우지 못하면 집에 가지 못했던 나날들, 미국에서 건너 온 밀가루 빵을 얻어먹던 시절이었다. 선배들처럼 배를 흔하게 곯는 일은 없었지만 빈곤이 떠나지 않던 시대이기도 하다. 여름방학 숙제를 해결하기 위해, 솔방울을 한 자루씩 채취하려고 깊은 산속을 헤매야만 했다. 5학년이 되어서 조개탄 난로가 보급되었지만 조개탄이 늘 부족해서 솔방울 따오기 숙제를 나는 졸업할 때까지 해야 했다.

어쩌다 불려 간 교장실에는 박정희 대통령의 흑백사진이 걸려 있었고, 우리는 대통령이 곧 박정희이자 박정희가 곧 대통령이었음으로 대통령은 영원히 박정희 뿐이라고 믿었다. 교장은 훈화할 때마다 박정희 대통령을 칭송했지만 사실 대통령은 먼 신화 속의 인물이었고 진짜 무서운 사람은 가끔 검은색 지프차를 타고 오는 장학사였다.

장학사가 학교를 방문하는 날이면 그 전날 대청소는 기본이었고 예쁜 여선생님들은 수업을 제쳐둔 채, 교감에게 불려가 다과상 차리기에 여념이 없었다. 사회 교과서 어느 쪽에도 대통령 선출과 민주주의 얘기는 없었고, 그것이 무엇인지조차 알지 못했었다.

동갑내기 계집애에게 논두렁길에서 연애편지를 건넨 죄로 담임에게 불려가 혼쭐이 나고 일주일간 변소 청소를 벌로 받아야 했던 추억이 그나마 가슴 한편 아련하게 남아있다.

중학교 진학은, 마침 중학교 무시험 입학제가 막 시작될 때였다. 그럼에도 가정 형편상 진학을 포기하고 돈 벌러 간 친구들이 20%쯤은 되었다. 이 친구들은 거의 모두 서울 구로동으로 갔다. 남자애들은 주물공장으로 여자애들은 방직공장으로 흩어졌다. 가난이 여전한 시절이었다. 그 무렵 돈을 벌기 위해 직업을 선택한 친구들 중, 몇몇은 연간 백억 대의 매출을 올리는 기업체 사장이 되었다.

중학교에는, 지금의 학교폭력 일진에 해당하는 깡패 아이들이 떼로 뭉치어 다녔고, 학급 아이들은 주먹서열을 매기기 위해 거의 전원이 날마다 싸움질에 휘말렸다. 학년 간 위계질서가 엄격하여 상급생들의 하급생 기합주기가 빈번했다. 수업시간에는 선생님들의 매질이 〈말죽거리 잔혹사〉처럼 이루어졌다.

고등학교 진학은 선발시험을 통해 가야만 했던 마지막 세대였다. 학교에서는 일류고등학교를 목표로 하는 아이들을 따로 모아 특별반을 편성했다. 3학년은 4학급뿐이었지만 보통반 3개와 특별반 1개로 학급을 편성했다. 70명씩 남녀 따로 나누는 보통반과 달리 특별반은 남자 20명과 여자 14명으로 편성되었다.

좋아하는 여자애에게 눈길조차 주기 부끄러웠던 시절에 합반을 하고, 야간자율학습을 했다. 그 중, 10명은 또 따로 모아 기숙사에서 합숙을 시켰다. 특별반 아이들을 긴장시켰던 일은, 매달 보는 월말고사였다. 시험 성적이 보통반에게 밀리는 특별반 아이는 보통반으로 내려가야 했기 때문이다. 성적표를 받을 때마다 눈물을 훔치고 특별반을 떠나야 하는 친구를 보면서 우리는 공포심에 젖어 급우를 위로하지도 못했다.

아버지의 권유로 금오공고를 보았으나 3차 면접에서 시력 때문에 고배를 마셨다. 그 바람에 졸업식에서는 일류고에 진학한 아이들 이름이 호명되었고 내 이름은 거기에 끼지 못했다.

인문계 남자고등학교를 다녔지만 공고가 아니어서 마음은 편안했다. 학교는 공부로 학생들을 괴롭히지 않았다. 그 흔한 야자도 보충수업도 없었다. 깡패들이 득실거리는 살벌한 분위기였지만 공부 경쟁 스트레스가 없었다.

고교시절 학교폭력의 위험은 상시적이었다. 학생들은 수시로 싸움을 일삼았고 모임을 만들었다.

고교 졸업반인 10월에, 교장실에 걸렸던 박정희의 사진은 최규하의 사진으로 바뀌었다. 세상에 태어나서 대통령의 사진이 바뀌는 것을 처음 보았다. 충격이었다. 세상이 어지러웠다.

졸업식 때는 졸업생을 대표하여 답사를 읽었다. 말만한 머슴애들이 눈시울을 붉혔다. 답사에 감동해서가 아니라 지긋지긋한 매질과 교복과 흑백풍경으로부터 해방되는 안도감 때문이었을 것이다. 다시는 교복을 입지 않아도 된다는 사실이 믿겨지지 않았다. 진짜 졸업이었다.

마지막 예비고사와 본고사를 치루고 대학에 입학했다. 선발제 고교시험도 마지막 세대이더니 대학입시도 그랬다.

1980년 전국의 4년제 대학 입학생 수는 6만 8천명이었다. 지금의 5,60대가 인구비율에서는 최다치를 점유하지만 50대의 대졸학력은 50대 중에서 16%를 밑돈다. 소수만이 대학을 진학하던 시기였다. 그런 시절에 4년제 종합대학을 갔으니 50대치고는 그래도 혜택을 받았던 셈이다.

광주민주화 운동, 정확히 애기하면 전두환의 광주학살이 있을 무렵, 5월의 햇빛 찬란한 봄날에 탱크가 교문을 막아섰다. 계엄령과 휴교로 2학기 개학 때까지 캠퍼스에 발을 딛지 못했다. 학교에 가지 못하는 대학생들은 음악다방에서 죽치며 데비본Dabby Boone의 〈You Light Up My Life〉를 거듭 신청해서 들었고, 밤에는 막걸리를 마셨다. 늦은 밤이면 대학 담벼락에 오줌을 갈기며 개 같은 시국을 탓했다. 비오는 날이면 만취해서 여학생의 하숙집에 찾아가 꽃다발을 주며 구애를 했다. 연애도 꼭 머리에 총 맞은 것처럼 했다. 제 정신이 아니었다.

캠퍼스 생활은 데모와 염세주의로 가득 찼고 그래도 약은 친구들은 슬며시 사라져서 고시考試 준비를 했다. 그러거나 말거나 극장에서는 안성기와 강수연이 스크린에서 몽환夢幻의 분위기를 자아냈고, 청바지 입은 심혜진이 최민수의 혼을 빼놓고 있었다. 남녀평등의 시대가 온 것이다.

당시의 인재들은 고시와 은행, 대기업으로 몰렸다. 그러니 사범대를 졸업한 친구들의 취업률이 상당히 좋을 수밖에 없었다. 남자들은 굳이 임용고사를 안 봐도 거의 모두 사립학교에서 교편 잡는데 지장이 없었다.

해방 이후, 미군정이 정해준 교육제도가 박정희정권을 거치며 지금까지 별로 변화가 없는 것도 편한 교편생활을 유지하기에 유리한 조건이었다. 그냥 교과서 갖고 달달 외우며 주입식으로 가르치면 되었다. 은행 간 친구들은 40대 후반에 퇴직하면서 5억 원이 넘는 퇴직금과 자사주를 한 아름 선물로 받았다.

대학을 졸업해도 취직이 안 되고, 밤새워 공부해도 원하는 대학에 가기 어려운 청소년들, 밥 굶는 걱정이 없다고 해서 그들의 삶이 행복하다고 할 수는 없다. 지금의 청소년과 젊은이들이 겪는 시대적 불안감과 정신적 고통은 50대보다 더하면 더했지 결코 덜하지 않아 보인다.

그래도 잃어버리지
않아야 할 것

손에 익은 가방을 잃어버렸다. 밤늦은 시간에 지하철 선반에 가방을 놓고 그냥 내렸다. 내 손과 눈과 머리에 익숙해진 것들이 사라지니 하루 내내 불편하고 아쉽다.

좀처럼 잃어버리는 법이 없었던 내가 요즘 들어 자꾸 잃어버린다. 대단하지는 않지만 가방에는 지난 시간 함께 한 아름다운 만남과 관계가 있고, 시간을 함께 한 추억이 있으며 부대끼고 손에 익어 정이 든 물건이 들어있었다.

정선이 고향인 박정대 시인의 시집, 2G핸드폰 배터리, KAL 마일리지 카드, 3만 6천원, 2년째 쓰고 있는 칫솔세트, 제자에게 받은 애틋한 편지 한 통, 수십 개의 명함, 자질구레한 소품들이 검정색 가방에 빼곡히 자리를 잡고 있었는데 지하철에 놓고 내렸다. 아쉬운 마음에 충무로역 유실물센터를 방문했으나 보관된 물품에 가방이 없다고 한다. 물건에 대한 집착은 없다 하지만 왠지 물건들과 함께 했던 그 시간들마저 영영 잃어버린 것 같아서 허허로웠다.

얼마 전에는 하나 남아있던 바이오 돌을 잃어버렸다.

학회에 갔을 때 세미나실로 가다가 문득 돌을 떨어트렸는데 복도 바닥을 아무리 살펴보아도 보이지 않았다. 겉보기에 보석 같아서 누군가 탐심을 내서 집어갔는지, 제 스스로 사라졌는지 다시 찾지를 못했다. 길쭉한 알약처럼 생겨서 입에 넣고 우물거리면 심신이 안정되는 신비한 물건이었다. 지난 5년 동안 그 보랏빛 바이오 돌은 내 입 속의 친구였었다.

바이오 돌을 물고 있으면 나는 마치 다른 세상에 사는 것처럼 특별한 느낌을 갖곤 했었다. 돌의 분실과 함께 그 신비한 시간은 이제 막을 내렸다.

이 돌을 선물한 사장님은 바이오 회사와 함께 미국특허를 받아 아예 아메리카로 투자이민을 갔기 때문에 다시 구할 수도 없는 물건이었다. 새 가방을 사고 돌 대신 껌을 씹으면서 그 느낌을 살려보고자 했으나 신경을 쓰면 쓸수록 나는 적응이 되지 않았다. 잃어버린 물건이 잊힌 물건으로 자리매김을 하는 시간은 적잖이 고통스러웠다.

곁에 있던 정든 사람이 눈 깜박할 사이에 사라지면 못내 아쉬운 것처럼 어떤 것은 차라리 잃음으로써 더 오랫동안 잊히지 않을 물건이 있다. 구르고 굴러서 보관할 수도 없고 버릴 수도 없는 물건처럼 요령부득인 것이 있는가 하면, 일찍 사라져버림으로써 아쉬움으로 남는 경우도 있다. 그런가하면 시간이 갈수록 사람을 불편하게 하고 손해를 주는 것도 있다.

내손에서 사라진 가방과 바이오 돌이 익숙하고 정들었다고 이렇게 나를 불안하게 하는데, 돌보다 가방보다 더더욱 소중한 사람들을 잃어버리는 것은 진정 가슴 아픈 일일 것이다.

우리는 그렇게 소중한 것을 잃어버리고 가슴 아파하면서 살아왔다. 그러나 요즘 아이들은 나와 생각이 좀 다른 모양이다. 잃어버린 물건은 찾지 않는다. 금반지와 금목걸이, 시계, 고급 볼펜 이런 것들을 잃어버려도 좀처럼 학생부에 찾으러 오지 않는다. 새로 장만하는 것이 학생들은 더 편리한 모양이다. 아니 소중한 물건이 아닌가 보다.

학교는 많이 변했다. 내가 처음 교단에 선 1984년도의 학교와 지금의 학교는 많이 차이가 생겼다.

그 시절엔, 시험지를 동銅으로 된 줄판에 철펜으로 글씨를 긁어서 인쇄실에 넘기면 용인 아저씨가 밤새 등사기로 인쇄했다. 교무실에서는 운동장 가에 설치된 수돗물을 떠다가 물을 마셨고, 점심은 학교 밖 식당 아주머니가 고무다라에 이고 온 밥을 먹었다. 식후에는 교무실에서 선생님들이 둘러앉아 담배를 피우며 담소를 나누었으나 지금은 학교가 금연구역이 되었다.

돌이켜보면 학교에는 새마을부라는 주요부서가 있었고 교사는 국민정신교육계라는 사무분장을 맡았었다. 새마을부에서는 폐휴지를 걷어서 팔았고, 아이들에게 반강제로 우유를 먹이면서 교실에는 우유팩이 늘 뒹굴었다. 정부 시책이었다. 그 중 얼마의 우유값을 교사 회식비에 보탰다가 말썽이 된 학교도 있었다.

영웅 박정희 대통령은 죽어서도 20년 동안 학교에 새마을부를 남겼는데 1999년에야 없어졌다. 그럼에도 폐휴지는 지금도 걷는 학교가 여전히 있다.

내가 근무하던 학교에는 1988년까지 숙직제도가 있었는데 따로 숙직실을 마련한 것이 아니어서 교무실에 놓인 업무용 탁자에서 잠을 잤다. 뚜껑을 닫으면 탁자지만 열어서 받침대인 꼬챙이를 고이면 얄팍한 침낭이 깔린 침대가 되었다. 자면서도 받침대가 쓰러질까봐 신경이 쓰였다. 교사들은 그 탁자를 관이라고 불렀다.

3월 1일이면 이 학교의 설립자는 시의 종합운동장에 교사와 학생을 오전 5시에 모이게 하여 '대한독립만세!' 선창을 하면서 만세삼창을 시켰다. 이미 독립된 나라에서 왜 독립만세를 불러야하는지 알지 못했지만 부르라고 하니까 부를 수밖에 없었다. 이사장 가족은 그날 새벽이면 한복을 차려입었다. 학교를 설립한 이사장은 이북사람이었는데 철저한 반공주의자였다. 그 학교는 6.25이후 미군의 재건사업으로 지어졌다. 미션스쿨이었는데 특정한 교단이 없는 것을 보면 이사장이 개인적으로 미션이라고 표방한 경우였다.

　독립운동을 했다는 설립자 이사장은 민정당 국회의원을 두 번이나 지냈고, 큰 아들을 국회의원으로 당선시켰다. 아들은 현재 새누리당 국회의원이다. 이사장은 선거 때면 교사들을 가정방문시켰다. 학부모들은 뒤에서 선생 놈들이 선거운동한다고 손가락질했다. 정권이 바뀌고 그는 횡령죄로 경찰의 수배를 받자 미국으로 도피했다가 결국 귀국하여 사법처리 되었다.

　독립운동과 만세삼창과 교비횡령이 어떻게 다른지 몰라도 때로 감옥에 갈 수 있다는 공통점은 갖고 있는 것 같다. 정치인이든 이사장이든 큰일을 하다보면 감옥에 갈 수도 있는 모양인가 보다. 어쨌든 내 젊은 날, 이사장은 나에게 가르칠 수 있는 공간과 밥을 주었다. 진심으로 고마운 일이다.

　최근에는 정부에서 인터넷 포털의 메일을 차단했다. 학교 내의 정보유출을 방지하기 위해서란다. 선생들이 뭘 유출할까봐 겁나서 중앙부처 행정공무원들에게나 적용했던 정보유출 방지 시스템을 가동시킨 것이다. 출근해서 아침이면 열어보던 메일이 이제는 안 열린다. 사적인 내용이 대부분이지만 그래도 가끔 비밀상담이라고 학생들이 보내는 메일을 열어볼 수 없다. 허전하고 답답하다. 그렇게 중요한 것이면 왜 대학에는 적용 못할까? 만만한 것이 초중고 교사들인 모양이다.

　학교가 많이 바뀌었다고 하지만 바뀌지 않은 것도 허다하다.

　교실 건물은 그대로다. 수십 년간 페인트칠을 정기적으로 하고 책걸상도 교체했지만 바닥과 벽과 건물 자체는 원형을 유지하고 있다. 신설학교를 빼고는 모두가 그럴 것이다. 군사조직의 단위인 반(班-학급)도 그대로다. 교육의 모든 의무와 책임을 담임교사가 지는 것도 변함이 없다. 현직교장이 차기교장을 지명하는 공립의 승진제도와 대개는 이사장의 혈족이거나 마름 같은 사람이 아니면 승진하기 힘든 사립학교의 구조도 여전하다.

한편 잃어버린 것들도 있다. 비록 제도의 한계와 권위주의적인 학교장의 분위기에서 자유롭지 못했지만 선후배 간의 따뜻한 정이 사라졌다.

부장교사제도가 없었던 시절 교장과 교감을 빼면 모두 그냥 평교사와 주임교사뿐이었고, 퇴근 후에는 형님 동생 하면서 소주잔을 기울였다. 딸기 철에는 토요일 오후면 딸기밭에 몰려갔고, 가을에는 배가 맛있는 수락산 배밭에 갔다. 어쩌다 선배들을 따라간 스탠드바에서 배호의 〈배신자〉를 부르며 맥주를 마셨다. 자정 무렵 포장마차에서 끝을 낼 때쯤이면 제자들 고민을 털어놓을 수가 있었다. 선배가 있고 후배가 있었던 시절이었다.

지금의 교사들은 오후 5시에 회식을 시작하여 노래방까지 가도 밤 8시면 다들 헤어진다. 그것도 나쁘지는 않지만, 선후배라는 등식은 사라졌다. 젊은 교사들에게 선배가 사라졌다.

동판 줄판이 컴퓨터와 복사기로 바뀌고 도시락이 무료급식으로 바뀐 학교에서 아이들은 30년 전이나 지금이나 똑같이 희고 검은 교복을 입고 있다. 성과급에 지치고 교원평가에 쫓기는 교사는 하나에 0.25점하는 사이버 연수에 골몰하여 자살을 고민하는 제자의 눈을 들여다 볼 시간이 없다.

들여다본다 해도 무슨 생각을 하는지 알지 못한다. 옛날 선생들은 아이들 머리 꼭대기에 있었다. 아이들이 무슨 생각을 하는지 모르는 것이 없었고 학부형이 어떤 사람인지 꿰고 있었다. 가정방문이 있었던 시절이었다. 서슬 퍼렇던 전두환 군사정권 시기에도 교사에게 최고의 가치는 가르침이었다. 스승 노릇의 가치는 모든 것에 우선하는 우선순위였다. 누군가 시킨 것이 아니라 선후배 간에 저절로 그렇게 살았다. 이제 교사는 술집에서 더 이상 〈배신자〉를 부르지 않는다.

최근 몇 년 사이, 사건을 빌미로 개입하여 이득을 취하는 중개인들이 지금 학교현장에 등장하고 있다. 서울의 모 학교에서는 체벌을 한 교사가 수천만 원의 합의금을 요구하는 브로커에게 시달리다가 돈도 뜯기고 징계까지 종용 당하는 수모를 겪었다.

수업을 방해하는 학생의 따귀 한 대를 때린 교사는 감봉 3개월에 처해진 반면 학생은 아무런 처벌도 받지 않았다. 비슷한 사례에서 모 학교의 교사는 언론에 폭로하겠다는 학부모의 협박에 못 이겨 거액의 배상금을 지불하고 경고처분을 받았지만 기물을 파손하고 수업을 방해한 학생은 아무런 제재도 받지 않았다. 그냥 두어도 일주일이면 완치될 수 있는 가벼운 타박상이라는 의사의 진단에도 불구하고 브로커를 낀 학부모는 체벌금지라는 전가의 보도를 이용하여 교사에게 돈을 뜯었다. 책임을 물을 것에 대비한 학교장은 재빠르게 교사를 징계한 것이다.

현장의 교권상담에 응한 장학사는 기껏 "그런 일이 많이 일어난다. 속수무책이다."라고 하면서 합의를 종용했다.

도대체 왜 이런 일이 일어나는 것일까?

교사를 대상화시키고 정체불명의 교원평가와 성과급을 강행한 교육부와 달랑 공문 한 장으로 체벌금지를 명한 교육감의 무책임한 막가파식 행정이 한몫을 차지했다.

서울시교육청은 체벌을 금지했으면 그에 따른 후속조치를 마련했어야 했다. 가급적 체벌하지 않도록 해야 하겠지만 교사도 인간인 이상 체벌을 할 수도 있다. 그럴 경우 어떻게 그 동기를 따지고 문책해야 하는지에 대한 매뉴얼이 있었어야 했다. 어떤 경우는 경위서를 쓰게 하거나 심한 경우 주의나 경고를 줄 수도 있고, 교육적이지 않은 폭력을 행사한 교사는 중징계가 가능하도록 징계 받는 경우를 투명하게 세분화했다면 문책 당하는 교사도 브로커에게 시달릴 이유가 없었을 것이다.

체벌을 허용하라는 뜻이 아니다. 체벌과 관련하여 학교에서 교사들이 토론하고 시시비비를 가리고 수습할 수 있는 기회를 갖도록 해야 한다는 의미이다. 그런데 지금 체벌 문제는 체벌금지 그 자체가 종교처럼 지상목표가 되어 있고, 그 금기를 어기면 돌 맞아 죽어도 싸다는 인식이 팽배해 있다.

교사의 체벌문제가 불거지면 교육청은 학교에 떠넘기며 모른 체하고 교육부는 일벌백계만을 주문한다. 당사자가 전교조(전국교직원노동조합)이면 보수언론까지 합세하여 돌을 던진다. 학교장은 교육당국과 브로커에게 놀라서 교사를 우선 징계부터 한다. 교사에게 거액을 주고라도 학부모와 합의를 하도록 종용한다.

교사들이 버려지고 있다. 지난 5년간 이러한 현상은 심화되고 있고 갈수록 빈번해진다. 교원평가라는 미명 하에 학생들에게 엄격한 교사들이 불합리한 인기투표에 표적이 되어 재연수라는 집체교육에 떠밀려가도, 수년째 삼청교육대 같은 교원평가 재연수가 반복되는데도, 고위층 관료 누구 하나 나서서 개선하려고 들지 않는다.

학교의 부장교사들과 승진파 교사들이 성과급 S등급을 독식하는 일이 거듭되고 행정업무가 성과급의 변별력으로 떠올라 잘 가르치는 일이 천시되어도, 교육부 장관은 성과급의 급간 차액을 100만 원 대로 늘리면서 오히려 모순을 키워왔다.

인기투표에 밀려서 집체교육을 받는 교사들의 한숨 소리는 높아만 가고, 성과급을 빌미로 교사들이 노예처럼 행정업무에 시달리며, 사소한 실수에도 혹은 교육적 체벌마저 브로커에게 거액을 뜯기는 동기로 작용하는 교단에서, 교사는 이미 '교육자'가 아니다. 그들은 최소한의 자긍심으로 이끌어가는 교육의 길에서 그 누구의 도움이나 합리적인 관리를 받지 못한 채 적자생존의 제로섬 게임에 시달리며 침몰해가고 있다.

교사들이 버려지고 아이들이 방치되는 교단에 희망은 없다. 학교폭력 일진 아이들은 교사가 눈 시퍼렇게 뜨고 쳐다보는 앞에서 약한 아이를 폭행하고, 주의를 주고 제지하는 교사에게는 '어쩔 건대?'하며 대든다. 적반하장이다. 왕따 가해 아이들에게 엄격한 지도를 통해 진술서를 받은 교사에게 '도끼로 이마 까러왔다'는 학부모의 한마디에 간부교사는 지도한 교사를 오히려 원망하며 '학교에 말썽을 일으키지 말라'고 경고한다. 교사를 비난하는 외부인사의 전화에 그가 누구인지 신원조차 확인하지 않고 교사를 불러다 호통 치는 교장은 무슨 생각을 하는 것일까?

무조건 체벌금지하고 아무런 뒷감당을 해주지 않는, 아무렇지도 않게 교사들을 브로커에게 내어 준 교육감들은 교권을 어떻게 유지할 것인지 대안은 있는 것일까. 학생들의 성적만 올릴 수 있다면 일제고사 대비 상품권이 넘쳐나도 모른 체하는 교육감은 입시 공부시키는 것 외에 할 수 있는 것이 무엇일까? 온갖 프로젝트에 시책성 사업의 깃발만을 나부끼며 교사들을 사지로만 내모는 교육부장관은 교육이 무엇인지 알고나 있는 것일까?

지금 교사들은 부조리한 것을 보고도 잘 참을 수 있어야 하는 시대에 살고 있다. 지금 때리지 않으면 일진에서 벗어날 수 없고 다른 학생들 보호하기도 힘들겠다는 판단 때문에 미리 사표를 써 놓고 결사적으로 제자를 체벌하여 바로잡았다는 어느 중학교 교사의 증언은 눈물겹기만 하다.

'꽃으로라도 아이를 때리지 말라'는 프란시스 페레의 교육사상은 의미가 깊다. 그러나 가해자들에게 온몸을 찢긴 피해자 학생의 부모는 가해자에게도 이 말을 적용해서 보살펴주어야 하는지 당장 의문을 가질 것이다.

교육은 참으로 어려운 명제이지만 단순하기도 하다. 단순한 듯하면서도 학교현장은 바다처럼 넓고 강물처럼 변화가 무쌍하다. 어떤 형태로든 맞아야 하는 학생도 있고, 어느 순간에는 사표를 쓰더라도 꼭 때릴 수밖에 없는 교사의 처지가 있으며, 교육청의 추상같은 지시를 적당히 둘러대며 현장을 챙겨야 할 교장의 입장도 있다.

교육감과 장관은 제도와 격려로 그러한 현장의 흐름을 적절히 지켜주어야 할 책무가 있다. 그러나 교육부 장관과 교육감들은 몇 평 안 되는 정부종합청사와 교육청 안방에 앉아서 좁디좁은 자신의 영역에 넓디넓은 현장을 가두어 왔다. 학교를 관청의 가두리 양식장으로 생각하는 듯하다.

마름이 된
선생님

지주들의 대소사는 주로 머슴과 마름이 일을 맡아서 한다. 이들 중, 집안에서 머무는 일꾼이 머슴이라면, 마름은 말하자면 집 밖에 머무는 일꾼이다. 마름은 주인 집 밖에서 살림하며 살되, 언제든 주인이 부르면 달려가서 일을 처리해야 하는 처지다. 형식적으로는 소작농이지만 내용적으로는 머슴이다. 노동이라는 신성한 사람살이가 계약으로 변질되어 주종관계를 형성한 모델이다.

교사는 전문성이 보장된 전문가이지만, 실질적으로는 정부와 사립재단, 교장이 각종 법령과 관행을 앞세워 마름처럼 부린다. 무엇보다 교육관청의 지시를 거의 무비판적으로 수용해야 하고, 그러한 수동성은 교사의 전문성과 자율성을 무너뜨린다. 관청의 시각에서 교사는 전문가가 아니다. 마름일 뿐이다. 이러한 증거는 교사의 '사무업무'에 잘 나타나 있다.

교사는 교육부와 교육청에서 내려오는 수많은 시책성 사업에 시달려야 한다. 교육정책의 환경 변화에 따른 교육수요의 증가와 복잡해지는 학교업무는 교사를 막다른 골목으로 몰고 간다. NEIS, 업무포털 같은 교육행정정보시스템은 해마다 바뀌고, 방과 후 학교 운영, 교원평가, 성과급, 근평 등 정부 및 교육청의 다양한 시책사업은 교원연수, 시범학교, 연구학교, 각종 위원회 증가, 공문서 처리로 이어져서 교수학습 활동을 황폐화시킨다. 이에 대하여 정부는 교원행정업무 경감을 위한 보조인력 배치를 시행하고 있지만 공무원 정원령 등에 묶여 큰 효과를 보지 못하고 있다.

학교는 연간 7천 건 이상의 공문을 수발한다. 교사 한 사람이 처리해야 할 공문의 양은 수백 건에 달하고, 각자 담당해야 할 사무분장은 작은 사업체를 운영하는 수준에 이르렀다. 방과 후 프로그램을 담당하는 교사가 맡아야 할 입·출금 업무와 강사 관리의 업무는 보습학원을 운영하는 것보다 결코 작지 않다.

방학 기간에도 교사는 쉴 틈이 없다. 수시로 바뀌는 교육과정의 시수를 조정해야 할 수업계 교사에게 수업은 부업이다. 학생정답을 채점하는 성적관리계는 OMR 답지카드를 채점기계에 넣고 '철거덕'거리는 소리를 종일 들어야 한다. 이 모든 행정업무가 가르치는 것에 우선하며 근평과 성과급의 내적 지표가 되는 것은 더 가슴 아픈 일이다.

평교사가 부장교사가 되려고 경쟁하는 이면에는 승진점수 때문이기도 하지만 다른 이유가 있다. 부장이 일을 많이 할 것 같지만 꼭 그렇지는 않다. 대부분 부장이 되면 수업시수가 경감되고 담임업무를 맡지 않으며, 부장 밑에 기획교사를 두어 실질적인 부장업무까지 대행시킨다. 부장은 근평에서 부장점수도 따고 성과급에서는 대부분 최상위급을 받으며, 부장들끼리 업무를 축소하면서 상대적으로 평교사에 비해 편한 학교생활을 할 수 있다.

이러한 현상은 사립학교일수록 두드러진다. 대부분의 사립학교 재단은 학교운영을 재단에 우호적인 구성원으로 구축하기 위한 방편으로 부장제도를 활용한다. 교장이나 교감은 설립자·이사장의 혈족이거나 혈족의 인간적인 신임을 받는 자가 되므로 일반 교사는 교장이나 교감보다는 부장교사를 원한다. 보통 부장에 임명되면 학교의 귀족이 되어 10년, 20년씩 하기 때문에 평교사의 사기는 떨어진다. 나이가 들어 부장 보직이 끝나도 수업시수와 업무에서 전직 부장 예우를 톡톡히 받는다. 반면 담임과 행정업무는 힘이 약한 교사들에게 몰려서 업무의 편중 현상을 초래한다.

이와 같은 학교업무체계의 현황과 문제점을 극복하기 위한 방안들을 강구하고 있다. 경기도교육청은 행정실과 교무실을 통합하여 모든 교사가 기존대로 수업 및 교무업무 대부분을 처리하되, 교육청 소속의 행정전담교사가 순회하며 지원하는 '교무·행정실 통합모형'을 시행하고 있다. 서울시교육청은 '비담임 및 교과전담교사 교무업무 전담 모형'을 모색하고 있다. 그러나 본질적인 해결 없이 모형만 변화시킨다고 해서 업무과다와 교수학습 활동 경시 그리고 승진경쟁에서 촉발된 행정업무 부작용이 해결될 수는 없다.

경기도 교육청의 경우는 어차피 교무실이 분산되어 있는 중등이나 교실로 사무공간이 옮겨진 초등 양쪽 모두에게 효과가 미치지 못하며, 서울시교육청의 모형은 비담임 교사라 해도 맡은 업무 한 가지 한 가지가 엄청나게 부담이 되어 더 이상의 업무분담이 불가능하다. 이러한 모색 또한 전시용 행정의 하나이지 않나 싶다.

2008년, 학교자율화 방침이 결정되기 전에 교과부에서 이루어진 심의 회의에 전문가로 참여한 적이 있다.

교과부의 시안에는 바람직한 것들도 다수 포함되어 있었지만 핵심 사항인 교사와 학생의 적극적 권리가 빠져 있어서 우려의 목소리를 낸 바 있다. 당시 무분별하게 진행된 학교의 인조잔디 확대 사업 등에 대하여 공개적으로 반대했다. 그러나 관련 부서의 미온적인 방임으로 사업은 진행되었고, 2013년 현재 학교의 인조잔디 사업은 많은 부작용을 드러냈다. 이렇게 교과부 내의 힘 있는 부서나 이해관계가 달린 지침 등으로 안 좋은 사업도 고치지 않고, 그대로 진행하곤 한다. 그 결과 학교장의 권한만 강화시키는 자율화가 되었다.

가장 큰 규제의 틀을 갖고 있는 교육과정과 평가, 교사의 행정 업무 등 '교사의 교육과정 편성과 평가권'은 처음부터 자율화의 대상이 아니었다. 자율화의 기반인 학생회·학부모회 법제화 역시 제기되지 않았다. 학교자율화 조치 이후 학교장의 권한은 강화되었으나 교사와 학생, 학부모의 자율권과 선택권이 오히려 약화되었다.

바람직한 대안은 없는 것인가? 그렇지 않다. 별도의 많은 재원을 들이지 않더라도 기존의 교육 사업비를 조정하면 이룰 수 있는 대안은 있다.

첫째, 교원의 행정사무업무 겸임을 금지하는 법률제정 혹은 시행령, 시행규칙을 제·개정한다.

교사에게 행정업무를 부과하는 근거인 초중등교육법시행규칙 "학교장은 교·직원의 사무를 분장한다"는 조항은 상위법 위반이다. 교사는 초중등교육법 제20조 ③항 "교사는 법령이 정하는 바에 따라 학생을 교육한다"에 의하여 주 업무를 학생교육으로 한정하게 되어있다. 그럼에도 불구하고 교사에게 학교의 행정사무와 기타의 사무를 담당하게 하는 것은 범법이다. 2012년 3월 2일 KBS TV에 이주호 장관과 함께 출연한 생방송 자리에서 이 지점을 지적하고 교과부가 별도 시행령을 제정하여 교사에게 행정업무를 부과하지 않도록 권고했지만, 장관은 메모만 하고 실행에 옮기지 않았다. 학교장이 교직원의 사무분장을 지정하는 관련 시행규칙은 '직원의 사무를 분장한다'로 개정되어야 한다. 교사가 일체의 사무 행위를 하지 말라는 뜻이 아니라 대학 교수의 경우처럼 교육과 평가의 직무만을 하도록 하고 기타 행정사무에 관하여 직원들에게 조언과 협조를 해주도록 해야 한다. 교수학습활동 이외의 공문을 수발하고, 결재 받고, 이를 통해 승진점수를 주는 행위를 근절시키려면 교육부와 교육청의 결단이 필요하다.

둘째, 학교평가와 교원평가에서 성과의 최대 관건인 일체의 사무행정 관련 조항을 삭제하고, 학교장과 교사들이 교수학습활동 모형을 만드는 것을 주요한 지표로 설정한다.

공사립을 막론하고 부장교사도 임기제를 두고 꼭 필요한 경우에만 중임제를 두어 교사들이 생애주기에서 부장을 2년 혹은 4년만 하도록 제한하는 것도 좋은 방법일 것이다.

셋째, 지역교육지원청에게 감사 이외의 장학지도, 시책성 목표 강요 등을 금지시키고, 그 대안으로 학력지표를 설정하고 지원하는 체계를 부여하도록 한다.

넷째, 진정한 교수학습활동 지원을 위한 기반으로 학부모회와 학생회를 법제화시킨다. 지금의 학교운영위원회는 대부분 학교장의 의도에 의해 위원들이 선정되는 경우가 많다. 학부모회가 법제화되면 회의 날에 각자의 직장에서 공가나 출장을 신청할 수 있는 근거가 생긴다. 학운위도 공신력이 생긴다. 학부모들이 학교실정을 제대로 이해하고 일정 부분 학교운영에 참여하면 이러한 미개한 '마름문화'는 청산될 수 있을 것이다.

교육 정책의 방향은 교사가 학생을 위해 봉사하고 헌신할 수 있도록 해주어야 한다. 교사는 관청의 마름이나 학교장의 개인 소유물이 아니다. 교사는 양성과정에서부터 학생교육을 위해 길러졌고, 임용할 때부터 학생교육을 위해 헌신하도록 법제화된 '법적기관'이다. 교사를 사유화하는 대한민국의 관행을 바꾸어야 한다. 국민에게 희망을 주는 교육은 교사에게서 나온다. 이들을 마름에서 해방시켜주어야 한다.

04

교사가
정치를 해야 하는 이유

새삼스럽게 교총(한국교원단체총연합회)이 정치활동 합법화를 주장하고 있다. 교총이 전교조의 입장을 대변이라도 하는 것일까. 이제 와서 교총이 정책 방향을 좌향좌로 선회하려는 것일까?

그 동안 교총은 20만 회원과 교장단, 교육전문직 그룹을 포괄하며 사실상 교육 권력을 독점하다시피 했다. 조직으로는 부족할 것이 없는 단체이다. 물론, 지난 노무현 대통령 정권 시절 잠시 교육부 장관 자리를 내줘야 하는 불편함이 있었지만, 다시 이명박, 박근혜 정권과 정책연합을 하면서 전성기를 누리고 있다. 세상 부러울 것이 없는 교총이 이제 와서 정치활동 합법화를 주장하는 것이 왠지 생경하게 느껴지는 이유다.

교총의 정치활동 합법화를 주장하는 직접적 동기는 무엇일까. 주민투표에 의해 선출하는 교육감에 진보진영의 교육자들이 대거 당선하는 교육감 선거와 평교사를 허용하는 내부형 교장공모제가 확대될 것에 대한 두려움이 이러한 결정을 하게 했을 것이다.

교총의 권력은 교육 권력의 숙주인 교장제도의 독점에서 비롯되었다.

교사를 대표하는 교장과 교육청의 상징인 장학사, 교총의 지도부, 이들은 한 몸통이며 같은 뿌리다. 그들은 또 빠짐없이 한국교총의 회원이자 지도부이기도 하다. 일반인은 물론이고 정치인도 이러한 사실을 잘 인식하지 못한다. 이는 경찰 간부가 검찰청으로 가면 검사가 되고 법원으로 파견 나가면 판사가 되었다가 다시 경찰로 돌아오면 경찰 간부가 되고, 빠짐없이 경우회에 가입하여 지도부가 되는 것과 조금도 다르지 않다. 만약 경찰이 교총처럼 조직 운영이 이루어진다면 이들의 권력 독과점 때문에 민주국가의 민생은 파탄날 것이다.

교총은 이와 같이 특별하고 차별적인 구조 속에서 안주해왔고, 그 역작용으로 교총의 회원이었던 일부 교사들이 교총을 뛰어나와 전교조를 만들었다. 처음 전교조 조합원들은 하늘에서 갑자기 뛰쳐나온 것이 아니라 모두가 교총회원이었다.

세계 어느 나라 교육계에도 이처럼 완벽한 권력의 돌려먹기는 존재하지 않는다. 이러한 시스템의 한가운데 교장자격증 제도가 있다. 교장자격증을 중심으로 그들은 학교에서 교육청으로 교육청에서 교육부로, 돌아가면서 고위직을 선점하고 이를 기반으로 교육부 장관과 교육감, 직능별 비례대표 국회의원으로 진출했다. 민주국가에서 이렇게 특정 공무원 집단에게 무소불위의 독과점을 형성할 수 있도록 법으로 보장하는 나라는 없다.

이토록 견고한 관료주의 교장제도에 파열구가 생긴 것은 노무현 대통령 때 도입한 내부형 교장공모제였다. 2007년 55개 학교에 교장공모제가 실시되었고, 그 중 8개 학교에는 평교사도 응모할 수 있는 내부형 교장공모제를 실시했다. 이곳에서 4명의 전교조 출신 교장이 탄생했다. 이 자리를 기반으로 전교조 경기지부는 혁신학교 운동을 시작했고, 혁신학교에서 학생인권조례의 모델링이 이루어졌으며, 그 결과 김상곤 교육감을 당선시켰다.

이 사태에 당황한 이명박 정부는 초중등교육법시행령을 개정하여 평교사가 교장으로 진출할 수 있는 내부형 공모제 학교를 전체 퇴임 교장의 2.5%로 제한하는 내용을 확정, 평교사가 교장으로 진출할 수 있는 길을 막아버렸다. 교총과 정책연합을 공고히 한 결과였다. 박근혜 정부 역시 다른 것에는 변화를 주고 있으나 교장제도만큼은 이명박 정부의 그림을 그대로 승계하고 있다.

야권연대는 지난 2010년 6.2 지방선거에서 6명의 진보 교육감 시대를 열었다. 16개 선거구 중에서 교총은 고작 6개의 교육감 자리를 잃었지만 이는 초유의 일이었다. 이 대목에서 교육감 권력을 독점해 오던 교총의 공포가 어느 정도로 팽배되었을까는 상상에 맡길 일이다. 이 때문에 내부형 교장공모제는 다시금 고스란히

2014년 지방선거의 격전지로, 정치의 길로 옮겨 가게 되었다.

교총에 의해 제기된 교원의 정치활동 합법화는 일파만파를 불러일으켰다.

언론은 달아오르고 정치권은 득실을 저울질하며 주시하고 있다. 교육감 주민 직선제와 교장공모제가 도입되면서 진보교육감이 등장하고 평교사 출신 공모교장들에 의한 혁신학교 돌풍이 일자, 교총은 당황했다. 진보교육감의 확대 재생산과 교장 권력의 붕괴 조짐 앞에서 상실감이 너무 큰 나머지 절치부심하며 고토古土 회복의 칼날을 갈았고, 마침내 정치활동 합법화라는 검법을 선보인 것이다.

교총의 심정은 지금 처음 가난을 맛본 부자의 상실감에 비견할 수 있다. 나는 2011년 월간 우리교육에서 "진보교육감에게 교육감 자리를 빼앗긴 교총의 상실감을 교육부와 청와대, 정치권력이 정치적 목적으로 활용하게 될 경우 이명박 정부 후반기의 교원정책은 파국을 맞이할 것"이라고 예측한 바가 있다. 불행하게 그 예측은 적중했다.

이주호 장관은 진보교육감을 탄압하는데 골몰했고, 그 결과 해결해야 할 교원평가 문제 등 산적한 과제는 끝까지 마무리하지 못했다. 교장단과 승진파 교사들로 구성된 최대의 교원단체, 교총의 정치 세력화는 보수 및 수구 세력을 결집시켰고, 그 힘은 새누리당 대선 후보를 지지하여 대통령으로 당선시키는 방향으로 흘렀다. 정치의 길에서 교원정책은 피비린내 나는 정쟁의 도구로 변질되어 진보교육감에 대한 고발과 전교조 교사에 대한 징계로 이어졌다. 교육은 간데없고 정쟁政爭만 나부꼈다.

교원의 정치활동 허용은 교장제도를 분기점으로 삼아 양분된다. 교총의 정치활동은 교장의 교장에 의한 교장을 위한 지향점을 가지며, 그 언덕에는 승진파 교사들이 몰려들고 있다. 전교조에게 정치활동 허용의 의미는 내부형 교장공모제와 진보교육감의 확대 재생산에 있다. 양측의 지향점은 비슷해 보이지만 속내는 전혀 다르다.

교총은 정치활동 합법화로 교육계 내부 권력을 지키고 싶어 하고, 전교조는 권력의 지형을 바꾸고 싶어 한다. 그 점에서 교총과 전교조의 정치활동 합법화 주장에는 서구 유럽처럼 교원 개인의 정치활동 합법화라는 이상을 추구하는 것이 아니라 집단의 생존 논리가 먼저 작용한다.

교사는 전문가다. 같은 교육전문가인 교수집단에게 허용한 정치활동을 교사들에게만 허용하지 않는 것은 더 이상 명분이 없다. 교사가 교육의원, 국회의원으로 진출해서 교육의 정치적 책무를 수행하고 다시 교사로 복귀할 수 있는 환경이 되었을 때, 초중고 교육의 선진화가 이루어질 수 있다. 정치활동 합법화로 교사 당사자들이 열악한 교육현실을 국민에게 있는 그대로 알리고, 의정 단상에서 자유롭게 토론할 수 있도록 해주어야 한다. 교사들의 풍부한 의정활동 경험은 초중고 교육의 책무성과 질을 높이는 값진 자산으로 작용할 것이다. 교사 개개인의 정치활동 허용을 막는다면 국민들은 천년만년 이대로 교총과 전교조가 내는 목소리에만 길들여지는 악순환을 거듭할 수밖에 없다. 교원에게 정치활동을 허해야 한다.

교사가 파업하면 부분 수업이라도 진행되지만 교장이 파업하면 학교 문을 닫아야 한다. 그럼에도 서구 OECD 국가의 교장 시위는 빈번해지고 있다. 유럽뿐 아니라 보수국가인 러시아조차 거리에서 시위하는 교장들을 종종 본다.

그런데 2012년 11월 10일 영국의 교장선생님들이 파업을 결의했다. 교사의 연금 삭감 등 정부의 신교육개혁 조치에 대해 영국의 교장노조NAHT는 75.8%가 파업을 하는데 지지를 한 것이다. 정부와 협상이 결렬될 경우 12월부터 파업에 돌입할 예정이었다.

한국에서는 영국처럼 교장들이 파업을 결의한 예가 없다. 아니, 교장선생님들은 상상도 하지 않는 일이다. 개인적인 파격이 아주 없는 것은 아니었다. 일제고사 파동 때 전교조 출신인 전북 장수 중학교의 김인봉 교장은 학생들의 선택권을 보장하기 위해 일제고사를 시행하지 않았었다. 1989년 전교조 해직 사태 때 거창고등학교는 정부에서 내린 교사 해직 명령을 거부했다. 그러나 이는 개인적인 1인 시위 같은 것일 뿐 교장들의 집단행동은 없었다.

교장들이 교총을 등에 업고 정년 단축이나 교육위원회의 지방 의회 통합, 지역교육청 폐지 등 교육개혁에 대해 집단서명을 하고 반대 의사를 표명한 것이 전부였다.

한국 교육계에서 시위하는 교장은 없다. 본래 시위를 하지 않는 DNA를 지닌 교원만 교장으로 선발한 것이 아니라면 집단시위를 하지 않아도 될 만큼 한국의 교육정책이 완벽한 것일까.

교장은 중임제로 최장 8년을 할 수 있지만 한번 교장이 되면 교장임기에 포함되지 않는 초빙교장, 장학사로 옮겨 다니면서 평생 교장을 할 수 있다. 또한 당해 학교에서 교감연수를 나갈 실질상의 차기 교장을 지명할 수 있는 유일한 사람이다.

차기 교장을 현직 교장이 지명하는 나라는 세계에서 한국 말고는 없다. 우리나라 내에서도 다른 직종에는 없는 낯선 일이다. 물론 이러한 이유가 꼭 교장 파업을 불가능하게 하는 것만은 아닐 것이다. 그럼 무슨 다른 이유가 있는 것일까?

교장이 시위를 해도 큰 문제이지만 전혀 시위를 하지 않는 것은 더 큰 문제다. 시위를 하지 않는, 혹은 하지 못하는 교장은 인간적으로 완벽한 존재이기 때문이다. 정부의 정책에 대해 전혀 오류를 발견하지 못하거나, 혹은 느끼지 못하는 교장들에게 정부 주도의 교육정책은 완벽한 것이다. 이러한 교육정책에 반기를 들거나 불평하는 교사와 학생은 불완전한 존재로 느낄 것이다.

교장들이 정부의 정책에 대해 때로 공개적인 의사 표현을 하고,

집단 시위도 하는 것이 지식인으로 정상적인 것이 아닌가? 교장들은 대한민국 정부수립이후 현재까지 별말 없이 잘 지냈다. 이들은 삶이 행복해서 그랬던 것일까. 어느 신문이 다양한 직업군의 사람들에게 삶의 만족도를 묻는 설문조사를 했는데 1위를 한 것은 초등학교 교장이었고, 중등 교장도 상위권에 포진했다.

교육철학자 피터스Peters는 교육을 성립시키는 조건들 중, "그 목표가 아무리 선해도 그것을 이루는 과정이 정의롭지 못하면 교육이랄 수 없다" 했다. 이 때문에 교육자들은 시끄럽게 토론하고 표현하면서 반대도 하고 시위도 한다. 그러나 이 땅의 교장선생님들은 바람직하다고 생각하는 것을 의도적으로 전달하는 데만 신경을 쓰는 듯하다. 오랫동안 전달만 하다보니 교육에 대해 가장 효용적인 방법이 침묵이라고 깨우친 것일까,

교장들의 침묵. 그 이유를 도무지 알 수 없지만, 알지 않고는 교육개혁의 실패를 진정으로 논하기 어렵다. 교장은 학교 구성원의 행·불행을 좌우하는 최대의 요인이고 교육정책의 현장 집행자이기 때문이다. 교장이 바뀌면 학교가 바뀌고 교장이 무능하면 배가 산으로 갈 수도 있다. 그런 교장들의 정체성을 꿰뚫어 보고 그에 대한 대책을 세우는 것이야 말로 교육개혁에서 매우 중요한 일이다.

지금까지 정부와 교육계는 이 문제를 애써 외면해 왔다. 이 글에서 '데모하는 교장들'을 화두로 잡은 이유는 자명하다. 교장들을 변화시킬 수 있는 정책 마련이 시급하기 때문이다. 35만 교사

들과 1,000만 학부모의 아우성보다, 5만 명 전교조 교사들의 연가투쟁보다, 12,000명 교장들의 능동적 사고와 적극적인 행동이 교육을 결정적으로 변화시킬 수 있는 잠재력이 더 많기 때문이다.

교장은 사실 행복하지 못하다. 학교에서 무소불위의 권력을 휘두르는 것처럼 보이지만 제도를 바꾸거나 교육과정의 자율권을 행사할 수 있는 권한이 별로 없다.

학교의 예산권과 교사 징계권, 인사권도 주어져 있지 않다. 그저 교사들을 붙잡고 조퇴와 연가를 시켜주느니 마느니 씨름하고, 유일하게 전권을 행사할 수 있는 근평조차 전가의 보도로 쓰이지 못한다. 막강한 근평도 교장승진을 포기한 교사들이나 전교조 교사들에게는 이빨 빠지고 녹슨 칼일 뿐이다.

교장들은 2009개정 교육과정으로 인해 벌어지고 있는 교과군과 집중이수제의 폐해에 대해서도 뻔히 눈 뜨고 교육부가 시키는 대로 할 수밖에 없다. 아무 준비도 없이 일거에 불어 닥친 체벌금지로 교단이 무너져도 책임을 교사들에게 미루는 것 이외에 할 일이 없다. 수업일수 190일 이상을 유지하면서 주 5일제 수업을 한다는 것은 도저히 불가능한 일이지만 교장들은 묵묵히 수용해야 한다.

교사들에게 그런 교장의 모습은 '마름' 이상도 이하도 아니다. 교장이 자리를 보전하고 무탈하게 임기를 마치는 것을 지상과제로 삼은 사람으로 비치는 것도 무리는 아니다. 매우 개혁적이고 혁신적인 마인드를 지닌 교장들일수록 교육정책에 불만이 많다.

그러면서도 그들은 연대하여 잘 못된 것을 시정해달라고 촉구하지 않는다. 그들은 할 수가 없다. 왜냐하면 태생이 할 수 없도록 태어났기 때문이다.

그렇다면 한국의 교장들이 잘 할 수 있은 것은 무엇일까? 말할 것도 없이 승진게임이다. 한국에서 차기 교장은 대체로 현직 교장이 만든다. 과정과 내용이 그렇다는 뜻이다. 교사가 교장이 되기 위해서는 근무평정 1등을 받아 교감으로 승진하거나 일찌감치 교육전문직으로 진출하여 교육청에 근무하면서 교감·교장 자격증을 취득하는 것이다.

평교사가 교감이 되려면 평균 25년 이상을 기다려야 하지만 교육전문직은 교직경력 15년 내외면 응시할 수 있고, 합격이 되면 대략 7년 안에 교감과 교장자격증을 취득한다. 교감 승진에 있어서 평교사 출신에 비해 3~5년 빠르다. 그들에게는 순탄하고 빠른 승진이 기다리고 있다. 그래서 교육전문직을 교장 승진을 위한 엘리베이터라고 부른다. 상황이 이렇다 보니 사실상 '대한민국의 차기 교장은 현직 교장이 임명'하는 이상한 승진체계가 형성되었다. 교장 임용에 있어서 유일한 결정권자는 현직 교장인 것이다. 대통령이나 교육부 장관이나 교육감도 여기에 관여할 수 없고 학부모도 끼어들 수 없다.

한국의 교장제도는 교사의 삶을 규정한다. 승진을 추구하는 승진파 교사들은 승진을 위한 생활주기Life Cycle를 살아야 하고, 승진에서 소외되는 교사나 승진을 추구하지 않는 교사들은 아무리 소신을 갖고 일해도 결국은 교육활동에서 승진한 자들의 지시를 이행해야 하는 처지에 놓인다. 승진을 못한 교사는 자기의 소신과 철학과는 아무런 상관없이 '패배자'가 된다. 아무리 아니라고 해도 자신이 하고 싶은 교육활동에 대해 승진한 동료의 결재를 받아야 하고 견제를 당한다. 교사라면 그 누구라도 이 굴레에서 자유로울 수 없다.

교장 승진구조는 한국의 교육체계를 규정한다. 이러한 구조는 교장의 정체성을 다중화시킨다. 제도를 바꾸거나 시정할 수 있는 권한은 주어져 있지 않되 교사들 위에 군림할 수 있는 '관리권'을 위임 받았으니, 오직 통치하고 군림하는 제도만 열려 있다. 교장 개인의 마인드와 능력이 혁신적이라 하더라도 제도를 개혁할 수 없으니 그저 통치하고 군림하는 것이다. 정책에 대한 집단항의? 어림도 없는 말이다. 이렇게 태어난 교장들이 어떻게 항의를 할 수 있겠는가.

교장선생님들에게도 제도적으로 표현할 수 있는 자유를 허락해주어야 한다. 그분들이 할 말을 할 수 있도록 하고, 집단 투쟁도 하게 하자. 학생과 학부모에게 칭찬받고 존경받는 교장이 되도록 배려해주자. 그렇게 하려면 우리 사회가 먼저 두 가지를 실천해야 한다.

첫째, 교장을 본래의 교사로 되돌리자. 교장은 본래 교사다.

외국은 대체로 교장, 교감, 교사는 서로의 직무가 다소 다를지라도 신분은 '교사' 하나로 통일되어 있고, 거의 모두 함께 교사노조에 가입되어 있다. 교장, 교감, 교사의 공통 명칭은 그냥 '교사' teacher다. 우리나라처럼 '교원'이라는 별도의 명칭을 쓰는 나라는 일본, 한국, 중국 뿐이다. 그리고 교사, 교감, 교장의 자격증을 별도로 분리하여 신분을 달리하는 나라는 한국밖에 없다.

영국은 교장의 자격요건이 헤드십Head Ship이고, 미국은 스탠더드 Standard이다. 독일은 헌법에 교장은 교사라고 되어 있고, 프랑스나 일본도 교장은 교사이며 별도의 자격증이 없다. 그러니 정부의 교육개혁에 대해 교사와 교장이 다른 반응을 보일 수 있는 여지가 별로 없는 것이다. 함께 같은 처지에서 학생을 위한 교육을 걱정한다면 정책에 대한 문제제기도 할 수 있어야 한다.

둘째, 교장노조를 만들어 주자.

영국의 전국교장협의회NAHT는 영국의 Head Teacher(교장)들로 구성된 노동조합이다. 영국 내 초등학교 85%와 중학교 40%의 교장이 전국교장협의회에 가입해 있으며 회원 수만 2만 4000명에 이른다. 예컨대 2010년 5월 치러진 영국 일제고사SATS와 관련해서 교장노조는 조합원들의 총 투표로 교장의 61.3%가 일제고사 감독 거부에 찬성해서 보이콧을 결정했다.

 함께 그러나 다르게, 동료효과

교장의 노동조합 가입은 대부분 선진국들의 일반적 현상이다. 미국의 최대 교원노조인 NEA에는 평교사와 교장, 교육행정가, 학교직원이 모두 회원으로 가입돼 있다. 핀란드 역시 교장도 교사노조에 가입되어 있다.

교장이 집회를 하면 교육이 변한다. 교장은 학교의 운영자이고 학교행정의 최종 결정권자이다. 그런 교장들이 무기력하게 정부의 지시만 맹종한다면 교육의 발전은 없다. 교장들이 집회도 하면서 학교현장의 소식을 교육정책 집행자들과 입안자들에게 전할 때 진정한 동반자적 협력이 이루어지는 것이다. 교장의 권력은 위를 바라보며 지시에 순응하는데서 나오는 것이 아니다. 아래로부터 제기되는 학생의 소리에 귀를 기울이고 아이들의 미래를 위한 것이라면 온 몸을 던져 이루고자 할 때 비로소 올바른 역할을 한다 할 것이다.

지금 대한민국의 학생들은 교장을 모른다. 자기 학교의 교장선생님 이름도 모르고 존경도 하지 않는데 무엇을 바라겠는가. 이 땅의 교장선생님이 학생들에게 진정으로 존경받는 스승이 되었으면 좋겠다. 이것이 교육계의 오래된 병을 고치는 만병통치약은 아니지만 교장선생님! 그 분들의 행동을 자유롭게 하게 하자.

05

교육과정,
누구를 위해 개편하는가

학생의 인성교육에 비중이 큰 국어와 사회, 도덕의 교과서 내용을 개정하고, 체육·음악·미술을 집중이수제 8개 과목에서 제외하여 옛날처럼 3년 내내 수업하게 하고, 학교 스포츠클럽을 연간 34~68시간을 의무적으로 이수하게 한다.

학생의 학습 부담을 줄이기 위해 학기당 8개과목만을 시행하고자 했던 이명박 정부의 집중이수제 교육과정과 학교자율화는 1년 만에 도로 아미타불이 되었다. 그 자리에 체육과와 예술과목의 승전보가 울려 퍼졌다.

이에 대해 장관을 비롯한 그 누구도 책임지지 않았다. 책임은커녕 시대변화에 맞춘 새로운 교육과정의 시도라고 자축하며 축포를 터트렸다.

옛날로 돌아간 교육과정 개정은 '학교폭력'을 예방하고 '인성교육'을 강화하기 위한 취지로 미화되었다. 언론과 국민들은 이에 관해 관심도 없고 아는 것도 별로 없으며 알려고 하지도 않는다. 2012년 6월 대선을 앞두고 열린 교육부 교육과정심의희 장면은 자못 심각했다. 열기도 뜨거웠다.

교과부는 2012년 7월에 초중고의 인성교육을 연계적으로 적용하기 위해 교육과정을 개정 고시했다. 이를 위해 정책연구를 시행하고 교육과정심의회를 연달아 개최하였다. 뜬금없는 얘기지만 교육과학기술부는 2012년 대통령 선거를 앞두고 교육과정을 정치적으로 개정했다는 의혹을 남겼다.

- 도덕이 인성교육에 중요하기 때문에 개정을 한다면서, 왜 음체미만 집중이수제에서 제외하여 시수를 늘리는가? 도덕이 중요하다면 도덕과목을 집중이수제에서 제외하여 시수를 늘려야 하는 것이지, 내용만 약간 수정한다고 인성교육이 이루어지는가?
- 학교폭력을 예방하고 인성교육을 강화하기 위해 국어와 사회의 내용을 개정한다고 했는데 그렇다면 수십 년간 이 과목들은 인성교육과 관련이 없었단 말인가?
- 음체미가 학교폭력과 인성교육에 그렇게 효과적이면 그 과목들의 내용을 개정해야지, 왜 엉뚱하게 사회·도덕·국어를 개정하는가? 음체미의 내용은 그대로 두고 집중이수제에서 제외하여 시수만 늘리면 학교폭력 예방이 되는 것인가? 도대체 이 과목들

이 왜 강화되어야 하는지에 관해 정책연구 하나 없이 시수를 늘리는 것은 어불성설이다. 도저히 묵과하기 어렵다.

- 학교 스포츠클럽을 연간 34~68시간을 하려면 학생이 주당 1~2시수를 더 수업해야 한다. 그 동안 진행해 온 창의적 체험활동 시간에 시행하라고 하지만 시간 확보가 불가능하다. 결국 토요일에 진행하라는 뜻인데 학생의 자발성을 무시한 처사가 아닌가? 사실상 창의적 체험활동 정책이 무너지게 되었다.

- 서구 OECD 국가들에서는 학교 스포츠클럽을 정식 체육시간으로 인정하여 학점을 부과해준다. 음악과 미술도 마찬가지다. 음체미 수업을 늘리고 거기에 스포츠클럽까지 한다면 학교가 어떻게 되겠는가? 차라리 스포츠클럽을 정규 체육시간 시수로 편입시키든가, 스포츠클럽 시수만큼 체육시수를 줄여 달라.

- 이러한 조치는 단위학교의 교육과정 자율성을 저해하는 것이고, 학교장들의 특색 있는 교육과정 편성을 아예 불가능하게 만드는 것이다. 재고해야 한다.

교육과정심의회에서 이견이 봇물처럼 터져 나왔지만, 교육부의 주장에 의하면 교육과정심의회는 어디까지나 '자문기구'일 뿐이었다. 자문만 해줄 뿐이지 부결시키거나 제동을 걸 힘이 없었다. 어쨌든 각급별 교육과정심의회는 교육부 입장에서 성공리에 마무리 되었다. 7월에 고시를 하여, 2012년 2학기 9월부터 시행하였다. 정책 입안자나 시행자들이 선거에 자유롭지 못한 탓인지, 예체능 과목은 교육과정에서 학교폭력 예방의 최대 수혜자가 되었다.

체육은 정치판에서 막강한 영향력을 지닌 분야이다. 대한체육회로부터 시작하여 동네 배드민턴 동호회에 이르기까지 체육인은 정치인에게 최대의 표밭이다. 체육과 출신 인사들은 교육청의 평생체육과 과장직을 많이 독점하고 있고, 장학사와 교장직은 교과교원 비율에서 최다치를 차지하고 있다.

예술 분야는 대중적인 인지도 때문인지 투표에 미치는 영향력이 크다. 예체능 과목의 화려한 부활이 왜 대통령 선거와 관련이 있는지 알 수는 없다. 그러나 지난 시절부터 예체능 영역의 인사는 정치권에서 주목하였으며, 마음먹기에 따라 활용될 개연성은 충분하다.

2012년 교육과정 개정은 배경을 의심한다. 개정의 취지가 현장에서 바라보는 진실을 왜곡하고 있다는 느낌 때문이다. 예체능 과목의 시수 늘리기와 스포츠클럽 의무화는 학교폭력 예방이나 인성교육과 일정한 거리가 있었다. 지난 10여 년간 학교폭력에 관한 법의 제·개정과 예방 활동 및 상담을 하던 전문가들의 시선은 냉담하다. 그들은 스포츠클럽 위주의 교육과정 개정에 대해 매우 불편한 시선을 갖고 있다.

체육시수가 학생의 체력발달에 도움이 되고 예능과목이 정서 안정에 도움이 되는 것을 부인할 사람은 없다. 그러나 그러한 취지를 살리려면 지금의 학교 예체능 교육은 환골탈태해야 한다. 미국 등 교육선진국의 예처럼 정규 체육시간을 스포츠클럽으로 전면 전환하여 오후시간에 동아리 활동으로 시행해야 한다. 학생들이 취미와 적성에 따라 자율적으로 가입한 스포츠클럽을 체육 동아리로 인정하여 학점을 부과하고 점수를 주면 된다.

예능 과목도 마찬가지다. 음악과 미술 수업을 오후 동아리 활동으로 재편하여 학생들이 정서적 끼를 마음껏 펼칠 수 있게 해주어야 한다. 아니나 다를까 2013년 현재 스포츠클럽은 정규 체육시간 외에 별도로 시행되었고, 학생의 개성과 기호에 따른 동아리 활동이 아니라 상당부분 학급별 스포츠 게임 경쟁으로 변질되어 실시되고 있다.

2012년 6월에 교과부 대회의실에서 열린 교육과정심의회에서도 이와 같은 얘기들이 많이 나왔었다. 지금처럼 정규시간으로 입시 예체능과목을 초등학교 6년, 중학교 3년 내내하고 고등학교에서조차 시달리게 하면 진정한 예체능 활동은 할 시간도 여유도 없어진다는 얘기였다. 학교폭력 예방을 위해 써야 할 막대한 예산을 입시와 연계된 학교의 입시 예체능 교육과 주 5일제를 망가뜨릴 스포츠클럽에 투자하는 것에 대해 학교폭력 피해자들은 납득하지 못한다. 어리둥절할 뿐이다.

입시와 교육과정은 교육의 큰 축이다. 교원정책을 제외하면 거의 전부라고 해도 과언이 아니다. 그 교육과정이 석연치 않은 이유로 정치적 결단을 통해 졸속 집행되는 것은 국가적인 기회 손실이요, 낭비다. 그 동안 교원정책은 교원평가와 교장공모제, 교원노조 등 정치적으로 민감한 사안이 많이 나왔고, 실제로 정치의 길에서 늘 시끄러웠다. 그런데 이제 교육과정 정책마저 정치적 시선으로 디자인되고 정치적 목적으로 왜곡된다면 교육은 더 이상 설 자리가 없다.

이젠, 학부모를 위한다고 하지 마세요. 교육개혁이 만족할만한 성과를 내지 못하고, 오히려 사교육비를 양산한 이유는 간단하다. 본체인 학교 교육과정을 그대로 둔 채, 대입제도 등 부분만 손질했기 때문이다.

초 · 중 · 고 교육 과정은 거론하지 않고 대학입시만 바꾸면 만사가 해결된다는 주장은 대증요법일 뿐이다.

선진국의 학교교육이 비교적 정상화되고 대입제도가 유연한 것은 그 토양인 교육과정이 유연하기 때문이다.

2장

아이들을
행복하게 하는 교육개혁

서울 시장 보궐선거 출마를 선언하고 포기하면서 안철수는 국민들에게 주목 받기 시작했다. 언론은 그의 말과 행동을 국민들에게 자세히 실시간으로 전달했고 이것을 보는 국민들은 새로운 대안으로 그를 지지하고 격려했다.

한국 정치판의 여당과 야당의 정치 행보에 지친 국민들은 신선하고 새로운 대선예비후보자 안철수의 생각과 행보에 열광했다. 정치평론가들은 여당과 야당의 지지층을 잠식한 안철수의 막강한 지지층과 안철수의 생각을 '안철수 현상'이라고 표현하며 의미를 찾고 미래의 정치 지형과 대선이 어떻게 변화할 것인지 예측했다.

그러나 대선이 끝난 후, 안철수에 대한 긍정적인 평가는 아쉬움과, 탄식으로 점철되었다. 보수로 알려진 초등학교 동창 현국이는 연말 모임에서 "그냥 출마했어도 떨어지지 않았을 텐데 병신이냐

중도사퇴하게."라고 안철수를 비난했다.

평생 보수당의 후보만 찍었던 그가 안철수를 비난하는 것은 당연하지만 이번 발언 만큼은 애증이 어려있었다. 이번 선거만큼은 여당 후보를 찍고 싶지 않았다는 것이다. 그게 안철수가 아니더라도 좋았단다. 국민적 인기와 가능성이 있기에 안철수가 나왔다면 눈 딱 감고 '그냥 찍으려' 했다는 것이다. 안철수가 좋아서가 아니라 죽어도 야당은 찍기 싫고 여당을 또 찍겠지만, 이번에는 그 구도에서 벗어나고 싶었다는 것이다.

술을 마시며 말하는 동창의 진심이 미심쩍었지만 적어도 그날 동창의 눈빛은 자기의 말을 믿어달라는 애절함이 서려 있었다. 대선이 끝난 후 혼란스러웠던 정치계는 전열을 새로 정비하였고, 국민들은 일상으로 돌아갔다. 안철수는 서울 노원 병 보궐선거에서 국회의원으로 당선되어 정치를 재개했다.

한국인은 자리를 안정적으로 유지하여주는 삼이란 숫자를 제일 좋아하는 듯하다. 그래서인지 여당과 야당으로 짜여 진 정치판을 늘 불안하게 본다. 대립과 갈등을 여과없이 보여주는 이 체제에 식상해 한다. 지난 2012년 대선에서 국민들도 대립하고 분열하였다. 딱 반으로 나뉜 국민적 갈등은 봉합의 힐링을 필요로 한다.

야당에 갇히고 자기연민에 빠졌던 안철수는 지금 갈 길이 바빠 보인다. 느리고 소아병적이고 세련되지 못한 그의 정치는 많은 사람을 실망시켰으되 절망까지 가지는 않았다. 그의 양보는 어린애가 자기 것을 부당하게 빼앗긴 후 억울해 하는 모습 그대로였다. 그것은 확실히 낯선 모습이었다. 동정하는 자들에게는 가슴 아픈 연민의 정을 갖게 만들었고, 비웃는 자들에게는 비웃되 도저히 상대할 수조차 없는 깊은 허탈감을 주었다. 그럼에도 안철수는 생각은 현재 진행형이며 미래를 이야기할 때 새로운 코드를 선보이고 있다.

안철수 현상은 정치적, 경제적 및 문화적으로 낡은 체제에 갇혀 있는 한국사회에 대해 분노하고 절망하면서 새로운 대한민국을 갈망하는 시민들의 희망이 집결된 것이라 할 수 있다. 김형기교수는 "안철수 현상은 안철수라는 개인을 뛰어넘어 교육계의 낡은 체제와 구체제적 사고와 행동을 준엄히 비판하고, 절망한 학생과 교사와 학부모에게 새로운 교육 패러다임을, 희망의 메시지를 던져주어야 할 공동의 과제를 우리에게 던져주었다"고 평했다.

그동안 교육은 우리 사회의 신분과 부를 축적하는 매개체였다. 군사정권 시기에 정치권력에 의해 편성된 수직적 교육체계는 지난 67년간 진정한 변화를 초래하지 못했고, 기득권 세력의 세습을 위한 들러리로 전락했다. 안철수는 교육이 사회변동의 주요 변인으로 작용하기 때문에 오히려 교육을 변화시키기 위해서는 정치적 결단이 필요하다는 것을 강조하였다.

"교육의 길은 정치의 길과 만날 때 비로소 변화를 이룰 수 있다."

이 말이 무엇을 뜻하는 것이지, 안철수 본인의 생각을 종합화

한(『안철수의 생각』 2012.7)을 들여다보면서 교육의 영역에서 동기
와 그의 희망을 살펴본다.

첫째, 교육개혁을 사회개혁과 연계시키고 있다.

사회구조를 개혁하여 대기업 사원이나 전문직 종사자보다 보통의
직업인이 우대받는 사회를 만들고 싶어 한다. 따라서 그는 사회의
인센티브incentive 시스템 개혁에 대한 상을 제시하고 있다. '대기
업의 지방분산', '대기업 채용인력 지역 할당제' 등을 실현하고자
하였다. 실제로 대기업의 인력선발 구조가 학교교육에 끼치는 영
향력은 대단하다. 대기업의 영어 스펙 반영과 서울권 대학 졸업생
의 채용구조는 사교육 증가의 큰 원인이 되고 있다.

둘째, 입시제도의 안정성 추구와 기회균등 전형제를 주장하고
있다.

정권이 바뀌어도 급격하게 입시를 바꾸지 않겠다고 한다. 그러면
서도 대입전형에서 기초수급자, 새터민, 농어촌 출신 학생에게 특
혜를 주고자 한다. 일종의 다문화 정책이며 계층 간 갈등에 주목
한 것이다. 그러나 이 제도는 새로운 것은 아니다.

셋째, 창의성 교육과 문·이과 통합이다.

하나의 질문에 하나의 답만을 요구하는 한국의 교육병을 한 개의

질문에 여러 개의 답을 도출할 수 있는 창의성 교육체제로 바꾸고자 하는 의도를 갖고 있다. 이를 위해 교육의 선순환 체제로써 튜더링 시스템을 도입하여 멘토링을 강화하고 예체능 수업시수를 늘리고 체육동아리 활동을 활성화하고자 한다. 이렇게 하면 사교육비도 잡힐 것으로 판단하고 있다.

넷째, EBS에서 진행하고 있는 영화나 음악 등 콘텐츠를 TV나 PC, 스마트폰 등 여러 가지 기기에서 중간에 끊김없이 계속 이용할 수 있게끔, N-스크린 콘텐츠로 탈바꿈시키고자 한다. 그렇게 하면 교육의 영역을 넘어서 전 사회적 관심사를 집중시킬 수 있고, 동시에 국민 모두가 활용할 수 있는 매체가 될 것으로 판단한다. 평생학습 체제의 실현을 염두에 둔 것이다.

다섯째, 국사와 세계사를 필수과목으로 하고, 체육시수를 늘리고자 한다. 또한 전문대학을 평생교육센터로 활용하여 국민의 평생교육을 체계화하고자 한다.

이와 같은 안철수의 생각은 다음과 같은 평가와 예측을 가능하게 한다.

첫째, 교육개혁에 대한 생각이 다소 편향적이고 교육에 대한 기본 이해가 부족하다.

사회구조를 개혁하여 교육을 바꾸고자 하지만 동시에 사회의 못자리판이라고 할 수 있는 학교의 시스템을 어떻게 바꾸겠다는 생각은 거의 없다. 학교개혁의 문제를 사소하게 본다는 뜻이다. 벼농사로 비유하자면 쌀을 어떻게 수확하고 배분할 것인가에 대한 식견은 있어도 벼의 종자와 못자리에 대한 이해는 좀처럼 없다는 뜻이다.

둘째, 공부의 서열경쟁에 대한 긍정적 신념을 유지하고 있다.

대입과 초중고 교육과정을 유지하면서 지역할당제, 멘토링 등을 통해 과외비를 분산시키겠다는 의도는 사교육비의 뿌리가 되는 수학과 영어 중심의 현행 체제를 그대로 둔 채 대학생 멘토링 등을 통해 부분적으로 사교육비를 감축하겠다는 것으로 해석할 수 있다. 이는 사교육비의 최대 유발요인인 현행 영수국 교육과정 체제를 개편하여 영어와 수학의 선택과목화, 학점제 전환 등 근본적인 문제 해결에는 관심이 미치지 못하고 있다.

셋째, 학교교육의 기본 이해가 부족하다.

지금의 교육과정은 필수와 선택 등 과목 간의 적자생존과 국영수 중심의 독과점 체제가 입시와 사교육의 독소가 되고 있다. 이에 대한 해결책은 전혀 고려하지 않았고, 엉뚱하게 체육시수와 체육 동아리 활동 증가, 국사·세계사의 필수과목을 들고 나왔다. 대부분의 OECD 선진국은 체육시간이 동아리 활동 자체로 편성되어 운영되고 있다. 체육시수와 체육동아리 활동이 별개가 아니다. 또한 세계사와 국사는 대부분 '역사'나 '지리'로 통합 운영된다.

넷째, 親노무현 半문국현의 이미지를 떠올리게 한다.

안철수의 교육개혁에 대한 생각을 읽다보면 그의 이미지가 노무현의 꿈 정치를 많이 닮았고, 한편으로는 기업의 변화를 통해 일자리를 창출하고 교육개혁을 이루고자 했던 문국현의 정치와 흡사하다. 노무현의 꿈은 현실성이 부족했고, 문국현의 변화 욕구는 채 실현되지 못하고 스러졌다. 안철수의 꿈과 욕구가 꽃을 피우려면 더 많은 멘토링과 현장 접근성이 필요하다.

대선 때 꾸려진 그의 진심캠프에서 교육공약 토론회에 참가할 기회가 있었다. 이런저런 공약 가운데 진정 놀라운 것은 '논술'이었다. 논술이 지금처럼 수시의 한 가지 방법이 아니라 수능, 입학사정관제와 함께 나란히 정식 대학입시로 승격되어 발표되었다.

현행대로 입시를 유지하는 박근혜 식 입시정책도 문제이지만 사회적 합의과정이나 초중고 교육육과정의 개편 없이 논술을 수능과 동격으로 입시화 하는 것은 파격이다. 이 논술입시는 프랑스 논술 시험과 같은 위상과 방법을 의미하는 것이다.

프랑스는 논술을 입시로 채택하기 위해 100년이란 시간을 투자했다. 국가단위교육과정을 학점제로 바꾸고 모든 과목의 수업을 토론식으로 개조했으며, 바칼로레아Baccalaureatc 입시 문제는 고등학교 교사들이 출제하도록 했다. 사회의 인재 선발 시스템을 논술식으로 재편하여 국가적 DNA를 논술로 각인시킨 것이다.

안철수 캠프는 교육공약을 만들 때 10인 교육위원회를 가동하였고, 그들의 안목과 식견이 공약으로 성안되었다. 10인 중 몇 사람은 논술과 관계가 깊다고 알려져 있다. 이들의 영향으로 논술이 정식 대입으로 채택된 것이 아닌가 싶다.

그런데 논술을 도입하기 위한 과정Process이 전혀 제시되지 않았다는 것은 의구심을 자아내는 대목이다. 논술공약을 통해 안철수 정책이 사유화된 흔적을 읽어내는 것은 안타까운 일이다. 그렇다면 안철수의 교육정책이 갖는 한계는 무엇일까? 간과하고 있는 점은 무엇일까?

첫째, 기본 초중고 교육정책에 대한 관점이 부족하고 그에 관한 구체적인 비전Vision이 더 필요하다.

초중고 교육정책의 기본은 '교육과정'과 '교원정책'이다. 안철수에게는 이에 관한 내용의 보충이 요구된다. 손학규의 '고교생의 수업 선택권 확대'과 '교사 안식년제' 같은 안정적이고 실효성 있는 공약도 필요할 것이다.

학교는 지금 주 5일제 수업의 파행과 대학입시의 반복되는 실패로 인해 곪아 터지기 일보 직전이다. 경직된 국가단위제 교육과정과

엉터리 교원평가로 인해 교사들의 사기는 땅에 떨어졌다. 이러한 지점에 대해 주목하고 교육의 기본과 근간이 되는 교육과정 정책을 어떻게 바꾸어야 할 것인가? 학점제를 도입할 것인가? 아니면 세계적으로 가장 많은 고교생의 204단위 최다 교육과정을 OECD 평균 수준인 150~170단위로 어떻게 낮춰야 할지 등에 대한 청사진이 있어야 한다.

또한 수십 년간 동맥경화증으로 자리 잡고 있는 승진형 교장자격증제를 폐지할 것인가? 아니면 양성과정으로 재편하여 선진국형으로 갈 것인가? 하는 고민이 있어야 하며, 교사대를 이대로 둘 것인가? 아니면 통합할 것인가? 그도 아니면 개방형으로 학사후 과정을 둘 것인가? 이러한 지향점도 제시해야 할 것이다.

둘째, 공약의 틀을 교육개혁으로 접근하기보다는 교육개선의 문제로 이해하고 있고, 부담스런 정책에 대해서는 아예 거론조차 하지 않고 있다.

학점제 도입, 교장보직제 실시, 선진국형 연구중심의 교원평가 전환, 교원양성의 학사 후 과정, 반값 등록금을 위한 대학교수 봉급 인하, 유아·보육교육의 통합과 공교육화, 일제고사 존폐 등 근본적이고 첨예한 교육정책 부분에 대해 치열한 고민의 모습이 부족할뿐더러 흉내조차 내지 않고 있다.

뿌리 깊고 고질적인 폐해에 대하여 주목하고 그것을 개혁하고자 하는 시선이 없다면 누가 대통령으로 당선된들 교육의 미래는 없는 것이다. 참여정부가 탄생될 때 '보직형 교장공모제' 등 첨예한 문제가 공약으로 대두되어 국정과제로도 다루어진 바 있지만, 소기의 성과를 거두지는 못했다. 김대중 때는 교사대 통폐합과 전교조 합법화 등 큰 정책이 공약으로 채택되었지만 진통을 겪었다. 그만큼 교육정책은 만만한 과제가 아니며 그나마 대선공약으로 채택되어야만 논의를 할 수 있는 과제다. 그러한 전례에 비추어 보면 안철수는 껄끄러운 문제는 아예 공약으로 잡지않았다. 거의 갈등이 존재하지 않는 복지론에 치우쳐 교육개혁을 외면하고 있다는 점에서 약하고 슬픈 모습을 드러냈다.

셋째, 공약에 진보성이 빠져있다.

교육의 이데올로기 문제는 단순히 교총 대 전교조의 갈등이 아니다. 평등성과 미래지향성이 안철수의 이데올로기가 될 수 있다. 그렇다면 이에 대한 고민이 있어야 한다.

전교조와 교총의 구도를 넘어서서 모든 교원과 공교육의 종사자들이 다양한 모습으로 '교육노조'를 만들 수 있어야 하며, 부모의 경제력에 따라 자녀의 경쟁력이 확보되는 현재의 수능 및 내신체제를 철폐하고, 새롭게 선진국형 학점제와 대학자율의 입시 제도를 추구해야 할 것이다. 또한 교장보직제와 교원평가 문제에 대한 해법을 제시하고, 교원의 정치활동 허용에 대한 관점도 명확해야 한다.

이러한 문제를 외면하고 답하지 않는다면 누가 답할 것인가? 대통령 선거가 경쟁을 통해 발전하고 국민축제를 지향하는 것이라면 대선후보들은 이에 부응해야 한다. 어떤 당의 대선 후보이든 자신의 당 색깔과 강령에 충실한 공약을 내걸고 분투하는 것이 도리일 것이다. 국민들은 그러한 후보의 모습을 보고 싶어 한다.

01
이젠,
함께 바꾸어요

70년대 초반까지, 학생들이 국민교육헌장을 다 외울 때까지 담임선생님은 종례를 해주지 않았다. 복잡한 사칙연산을 풀지 못하여 나머지 공부를 하는 아이들은 대체적으로 국민교육헌장도 외우지 못했다. 나머지 공부를 하는 학생들에겐, 나머지 공부를 시키는 선생님이 원망스러웠을 뿐이다.

2012년 대통령 선거는 유난히 시끄러웠다. 놀라운 것은 북풍北風 대신 '전교조 바람'인 전풍全風이 불었다. 여당의 대선 후보는 TV토론에서 야당의 대선 후보에게 몰리다가 회심의 미소를 짓고 전교조 카드를 꺼냈다. 치밀하게 계획된 크로스 펀치, 작심발언으로 보였다.

"서울시교육감으로 출마한 전 전국교직원노동조합 이수호위원장과 광화문에서 악수하셨잖아요."

"아니, 그러면 나를(이념적으로) 수상하게 보시는 건가요? 저는 전교조, 교총 다 만나요."

야당 후보가 말을 받자 여당 후보가 말했다

"전교조가 변질되었잖아요. 참교육은 안하고 정치적으로 편향되어서…."

코미디였다. 정적을 빨갱이로 몰아서 공격한 미국의 '매카시 선풍'이 고스란히 재연된 것 같았다. 그럼에도 야당 후보는 이 대목에서 당당하지 못했다. 어느 평자는 '탁상을 두드리며 유신과 독재정권을 거론하며 오히려 민주화 세력을 백안시한다고 호통을 쳤어야 옳았다'고 비판했다. '전교조에 대한 그 비판은 전교조 내부에서도 제기되는 개선점이다. 필요한 지적이지만 당신은 문제제기를 할 자격이 없다. 인신공격하지 말라.' 차라리 야당 후보가 여당 후보를 이렇게 몰아붙였다면 적어도 중도 부동층의 흔들림은 방지할 수 있었을 것이라는 애기였다.

여당 후보의 전교조 비판에 마음이 흔들리고 우측으로 넘어간 것은 부동층이었다. TV토론에서 제기된 여당 후보의 사상검증에 야당 후보는 방어도 공격도 못하고 깊이 찔린 것이다. 선거란 늘 이렇게 변수가 존재하며, 그 변수에 즉각 대응을 하지 못하면 패배한다.

선거 승패의 분기점을 형성한 '전교조 논란'을 보면 여당 후보와 전교조의 갈등이 대단할 것이라고 판단할 수 있는데 의외로 그렇지 않다. 사립대의 주인이라는 여당 후보의 성향을 생각하면 태생적으로 전교조와 불편한 관계인 것은 부정할 수 없지만 후보가 개인적으로 전교조와 충돌한 적은 별로 없다.

한나라당에서 사립학교법을 둘러싸고 전교조를 맹렬히 비난할 때도, 한나라당 조전혁 의원이 전교조 명단을 인터넷에 올려서 전교조 아웃을 외칠 때도, 여당 후보와 전교조는 직접적으로 부딪치지 않았다. 전교조를 비난하는 언행도 강하게 내비치지 않았다. 그것이 위선이든 우연이든 극단적인 충돌은 없었다.

오히려 후보의 국회의원 시절에는 친전교조 성향의 단체들이 국회에서 토론회를 하면서 축사를 요청하면 흔쾌히 참석하곤 했었다. 평소에 보여주었던 생활 때문인지 야당의 대선후보 캠프에서는 여당 후보가 TV토론에서 전교조를 통해 매카시 선풍을 일으킬 것이라고 예측하지 못했다. 여당 후보가 '선거의 여왕'이라는 사실을 잊은 것이다. 예나 지금이나 선거는 무섭다. 그러나 여당 대선 후보는 대통령 당선 이후 서남수 교육부장관을 통해 이명박 정부 5년간 닫혔던 교육부와 전교조 사이의 대화채널을 열었다.

전교조는 지금 딜레마에 빠져있다. 조직세는 2001년 한 때 10만 명에 육박하였지만 2013년 현재 절반이 줄어 5만 명 대에서 멈췄다. 핵심 조합원은 5,60대에 포진하고 있고, 새내기 교사의 조합 가입률은 한자리 수를 밑돈다. 희망은 고사하고 미래가 없는 것이다. 전교조는 위원장 연배의 1세대들이 주축을 이루고 있고, 조직은 그들과 함께 늙어가고 있다. 특별한 일이 없는 한 향후 10년 정도면 전교조는 자연사를 하게 될지도 모른다.

그 10년 동안 정부도 아닌, 단체의 성향도 모호한 교총의 기득권은 지켜질 것이다. 전교조를 비난하며 먹고사는 우익과 전교조 사이에서 줄타기를 하며 어부지리를 얻는 교육 관료들이 있는 한 전교조 역시 아주 소멸되지는 않을 것이다. 전교조는 이제 6명의 교육감과 정진후, 도종환 2명의 국회의원을 확보했다. 세는 줄었지만 권력은 확대된 것이다. 참 묘한 기득권 구도가 형성되었다. 양쪽 다 기득권이 되어 교총은 교장단과 장학사의 이해관계를 대변하고 전교조는 평교사의 권리를 옹호하고 있다.

이명박 정권의 공안 통치로 인해 교육시민단체들은 좌우로 나뉘었고, 좌측마저 선거에 뛰어든 관계로 지금 한국의 교육NGO 운동은 존재감을 잃었다. 향후 10년 동안 교육개혁은 시도조차 이루어지지 않을 수도 있다. 복잡할 것도 없다. 운동은 사람이 하는 것이고 사람들이 소멸하면 운동은 사라진다. 그런데 왜 이렇게 늙어가고 힘도 없는 전교조가 대통령 선거판을 뒤흔드는 뇌관으로 작용했을까? 이유는 간단하다. 이데올로기의 희생양으로 전교조가 적합했기 때문이었다.

대한민국 우익세력은 선량한 국민을 인민군에게 끌려가 밥을 해주었다는 이유로, 보리쌀 한 자루 얻기 위해 보도연맹의 빨간 완장을 찼다고, 형제와 친지가 인민군에 강제 징집되었다는 이유로 탄압을 한 경험이 있다. 그런데 지금은 전시가 아니다. 달리 잡아 죽일 희생물도 마땅치 않다. 때마침 군사정부에서 대량 해고를 당하고 반정부 세력으로 낙인 찍혔던 전교조는 '좌익종북 세력'으로 포장하기 쉬웠다.

전교조는 그 동안 내외부의 강력한 혁신 요구를 받아왔다.

전교조 출신 인사들의 자기혁신 요구도 공개적으로 이루어졌다. 탈퇴선언도 있었다. 그러한 비판은 내부 갈등의 소산물이고 애정 어린 비판이었다. 진실로 전교조가 혁신의 과정을 거치기를 바라는 충정이었다. 그러나 우익은 그렇지 않다. 전교조를 적으로 규정하고 끊임없이 공격했다. 신문에 전교조 타도 광고를 하면서 국민에게 성금을 요구했다. 그럼에도 천문학적인 광고비를 어디에서 어떻게 모았고 그 집행 과정과 배경이 무엇인지 공개하는 것을 듣거나 보지 못했다.

"대한민국 우익은 전교조를 발판으로 연명하고 전교조를 공격하며 생존기반을 다진다."

보수층에서 활발하게 활동하는 지인의 말이다. 이명박 대통령과 친구이자 여권에 상당한 영향력을 갖고 있는 그분의 지적은 명료하다. 전교조가 그들을 먹여 살린다는 뜻이다. 나는 친하게 지내는 전교조 간부에게 "그렇게 우익을 먹여 살릴 바에는 광화문 사거리에서 우익들에게 더 이상 양분을 제공하지 않겠다. 해체하겠다."라고 선언하라고 농담을 건네곤 했었다.

지난 5년간 이명박 정부는 평교사가 응모할 수 있는 내부형 교장공모제를 말살하는 작업을 지속시켰다.

전체 교장 결원 학교의 2.5%만 허용한 내부형 공모제(평교사도 응모 가능)에서 전교조 출신 교사가 공모교장이 되면 교육부는 해당 학교를 집중 감사하였다. 교총은 결사반대 기자회견을 하고, 전교조는 간부 출신만 교장후보로 내정했다.

이 전쟁에서 교육부와 교총은 명분을 잃었고, 전교조는 마음이 급했다. 이러한 현상이 매번 일어나는 이유는 무엇보다 교육계의 권력구조 때문이다.

정부와 대립하고 건전하게 협상할 수 있는 교원노조 혹은 교원단체의 역할은 대표성을 얼마나 획득하느냐에 따라 확장되는데 35만 교원 중에 5만 명의 회원을 거느린 전교조만이 교육부와 대립각을 이루고 있다. 이 수치만 갖고는 교원노조가 정부와 정상적이고 건전한 교육정책을 위한 협상 안을 이끌어 낼 수 없다. 이 때문에 전교조는 강성 투쟁으로 원하는 것을 이루고자 하는 측면이 있다. 교육 권력을 교육부와 교총이 사이좋게 독점하고 있는 현 시점에서 전교조가 회원 유치를 확대할 가능성도 희박하다. 이러한 현상이 조기에 개선되기는 어려워 보인다.

지도부가 장학사, 교장 등으로 이루어져 교육부와 교육청의 관료로 순환 보직하는 교총은 그 수가 20만을 넘지만 외국의 예에 비추어 보면 순수한 교원노조로 보기 어렵다. 전체 교원의 80% 이상이 한국의 전교조 같은 성격을 지닌 교원노조를 구성하고 있는 교육선진국의 사례가 주는 시사점은 명징하다. 선진국의 교원단체는 정부와 교육 권력을 황금비율로 나누어 유지한다.

이 지점에서 한국적 현실에 적합한 교원단체의 형태는 무엇이어야 하는지 고민해보지 않을 수 없다.

교육 권력을 획득했거나 교육에 관여하는 종사자는 학생들의 행복한 미래를 위해 어떤 지향점을 갖고 있던지, 교육 현장에 실존하는 이견에 귀를 기울여야 한다. 교육계의 다양한 이해관계를 조정하거나 통제하기 위해 설득하고 인내하여 협조를 받아내야 한다. 교육감은 여와 야를 떠나, 진보와 보수를 떠나, 교육부와 지자체 단체장, 지방의회를 설득해야 한다. 어떤 일이 있어도 그들과 신사협정을 맺는 일에 전력을 기울여야 한다. 올바른 참교육을 위해 나의 입장만을 고수할 것이 아니라 정치를 해야 한다. 정치를 바로 세워야 교육이 따라갈 수 있다.

보수성향의 교육감들도 더 이상 전교조를 이용하여 선거를 하는 관행에서 탈피해야 한다. 그것은 유권자도 마찬가지이다. 아무런 근거 없이 선거 때마다 비난하는 정치인에게는 "전교조가 무엇이 문제인지 구체적으로 밝히라"고 엄중히 물어야 한다.

전교조는 친북단체가 아니다. 비록 전교조 출신 진보교육감과 국회의원이 있다고 하지만 전교조는 교육현장을 어지럽힐 만큼 막강한 힘을 갖고 있는 것은 아니다. 아직은 교과부에서 징계를 하면 그저 풀잎처럼 잘리는 소수의 교사집단일 뿐이다.

전교조의 조합원은 아이들의 선생님이며, 이들은 전인교육을 이루어내고자 노력하고 있다. 정부가 일방적으로 전교조 교사의 대량 해직을 결정하고 그 짐을 모두 교육감들에게 떠민다고 해서 대통령의 책임이 면해지는 것은 아니다. 주민직선제로 선출된 교육감은 어제의 교육감이 아니다.

주민직선이라는 민의를 등에 업은 교육감들에게는 법적기구인 '전국교육감협의회'를 통해 얼마든지 교육부의 교육정책을 견인하고 수정할 역할이 주어져 있다. 교육부를 설득하여 '교과부–교육감–교원단체'가 공존하며 함께 교육개혁을 이루어 낼 수 있는 토론의 장을 만들어야 할 책무가 교육감들에게도 있다.

평화를 만들어내는 일은 교육적으로도 옳은 일이다. 정부는 전교조의 합법적인 활동을 허용하고 포용하는, 성숙한 자세를 보여야 한다. 정부와 민선 교육감들이 전교조 문제에 갇히지 말고 전교조를 뛰어넘는 큰 그림을 그렸으면 한다.

학생들은 공부에 갇히고 사교육에 질식당하고 있다.

아이들은 더 이상 우리 곁에 없다. 부모의 가슴 속에서 사라졌고, 교사의 시선 속에 들어오지 않는다. 시험성적 1점을 올리기 위해 친구들과 무한 경쟁을 해야 하는 전쟁터로 학생들을 내몬 것은 우리 어른들이다.

전 세계 학력평가에서 핀란드가 1등을 하는 것은 교사와 학생들이 똑똑해서 이루어낸 결과가 아니다. 협동을 목표로 하는 핀란드 수업은 학생들 스스로 자기와의 싸움에 매진하게 했다.

경쟁은 결핍동기를 낳게 하고 협동은 성장 동기를 형성시킨다. 경쟁교육이 영국과 미국 등에서 대세를 이루던 1980년대에 핀란드의 여야 정치인들은 한 가지 굳은 협약을 맺었다. 자원과 인구가 부족한 핀란드가 사는 길은 교육에 있고, 그 핵심은 단 한 명이라도 낙오자를 만들지 않는 교육 시스템에 있다고 믿었다. 창의성 넘치는 협동교육과 수요자 입장의 학점제 교육과정을 운영하는 원칙을 세웠다. 그 후 정권은 교체되어도 이 정치적 약속은 바꾸지 않았다.

세계 각국의 교육개혁은 정부와 교원노조의 협력 속에서 진행된다. 한국처럼 정부와 교원노조가 대립하고 정치화 하는 경우를 지속시키지는 않는다. 물론 외국의 교원노조 역시 정부와 많은 부분에서 충돌하고 대립하지만 그에 비례하여 적절한 협력과 타협을 전제한다.

영국에서는 초등학교 교사연합이 먼저 결성되었으나 1870년 교직이 전문직으로 합법화되면서 본격적으로 교원노조가 활성화되었다. 프랑스는 1880년경에 산별 노동조합이 결성되면서 교사노조가 태동되기는 했으나, 법령의 규제에 의하여 잠시 억제 되었다가 1936년에 표면화된 후, 2차 세계대전이 끝난 직후인 1946년에 합법화 되었다. 독일의 교사노조는 1800년에 시작되었다. 초등학교 교사들 중심으로 열악한 근무 조건과 낮은 보수 수준을 개선하기 위하여 교사연합회가 결성되었으나 1차 세계대전이 끝난 직후인 1918년에 다른 유럽 국가들 보다 먼저 공무원 신분을 지닌 교사들이 노동조합을 결성했다. 스웨덴은 동업 조합이 결성된 1848년, 노르웨이는 1880년, 이탈리아는 1890년, 덴마크는 1871년에 각각 교사들의 연합체 형태로 노동 운동이 시작되었다. 교사노조가 합법화되어 다른 노동조합과 동등한 권리를 누리게 되는 시기는 대체로 2차 세계대전이 끝난 후이며, 정상적 활동은 경제 발달이 궤도에 오른 후인 1960년대 중반부터였다.

이와 같은 사실을 살펴보면 한국의 교원노조는 유럽에 비해 100년 정도 늦게 시작했다. 1970년대 박정희 대통령 시대에 교원노조가 설립되었다면 이후 교육발전에 전기를 가져올 수 있었겠지만 군사정권의 특징 때문에 불가능했다. 그러므로 교원노조의 역사는 민주화의 발전과 비례한다고 할 수 있다.

세계 각국의 교원노조는 나라마다 다르지만 대체적으로 정부와 대립각을 세우는 교원노조에 교사들이 가입해서 활동한다는 점과 교원노조의 내부 구성이 급별 혹은 교과 등 여러 개의 조직이 각기 특성을 지닌 채 연합하여 결사체로 활동한다는 두 가지 특성이 있다.

이러한 특징 탓인지 외국의 교원노조는 단일 명령 체계를 유지한 '위원장' 체제가 아니라 연합체인 유엔처럼 '사무총장' 체제를 갖고 있다. 이와 같은 현상으로 전교조는 급별과 교과별로 다양한 욕구를 지닌 교사들의 요구를 반영하기 어렵고, 정부 역시 각기 저마다 다르고 다양한 교사집단의 목소리를 전혀 들을 수 없다. 그렇다고 해서 전교조 이외의 군소 교원노조가 지금보다 더 발전하여 전교조를 대체할 가능성 또한 전혀 없어 보인다. 그 결과 정부와 전교조 양측은 투쟁과 대립을 선호하고 대화는 증발되는 현상을 반복하는 것이다.

전교조가 참교육을 현실화시키려면 전교조 내부를 교육선진국의 교원노조처럼 급별, 교과별로 독립시키고 집행부는 각기의 작은 단체들을 지원하는 연합체의 역할을 해주어야 한다. 이는 전교조 내부적으로 매우 고통스런 일이지만 장기적으로는 회원 수가 증가하고 조직의 체질을 바꿀 수 있는 장점이 따를 것이다.

정부 또한 교육부가 앞장서서 급별, 교과별, 특수교사별 노조가 만들어지도록 교사들의 활동을 보장하고 지원해주어야 한다. 장기적으로는 교사와 학생의 다양한 목소리를 경청할 수 있는 시스템을 확보해서 시의적절한 교육정책 서비스를 제공할 수 있을 것이다. 나아가 교총 역시 사단법인에서 노조로 변신하여 선진국형 교원단체의 틀을 갖추었으면 한다.

노조는 헌법에 보장된 결사의 자유이고 가장 기초적인 민주주의의 요체이다. 이것을 정부가 부정한다면 헌법을 유린하고 국민이 준 권력을 사유화하는 것이다.

김대중 정부가 출범한 1998년부터 2007년까지 진보정권 10년이 흘렀다. 보수정권은 이명박 정부에 이어 박근혜 정부가 재집권을 하고 있다. 그럼에도 지난 세월 교육정책의 근본적인 체계는 변한 것이 없다. 아니, 오히려 초중고 교육의 양극화는 심화되었고 대학교육의 획일화·보수화는 고착되었다. 교육은 박정희 정권의 혁명성을 뛰어넘지 못했고, 김영삼 정권의 개혁성을 흉내조차 내지 못했다.

교육은 방치되었다.

박정희 대통령은 오피니언 계층이 결사적으로 반대하던 중학교 무시험입학제와 고등학교 평준화를 실시하여 초등학교와 중학교의 입시교육 열풍을 잠재웠다. 중학교 무시험입학제와 고교 평준화는 교육 받을 권리의 기회 균등이란 측면에서 장대한 제도개혁이었다.

이후의 정권들은 중학교 무시험제와 고교 평준화를 발전적으로 개선하지 못했다. 학점제는 도입되지 않았고 입시교육은 강화되었다. 초등학교와 중학교에서 치러야 할 입시교육이 고등학교로 미뤄진 것이고, 그 후유증은 다시금 유치원부터 영어교육 몰입이라는 형태로 나타났다.

김영삼 대통령이 서울대 이명현, 경기대 최충옥교수를 영입하여 수립한 GNP 5%대의 교육예산과 5.31 교육개혁은 획기적인 안이었다. 학부모가 참여하는 교육개혁을 이루고자 했던 〈5.31교육개혁〉의 방향성과 지향점은 교육발전에 새로운 전기가 될 수 있었다. 그러나 대입에서 수능과 논술이 강화되면서 자본에 종속된 교육이 이루어졌다는 비판을 받아야 했다.

김대중 대통령은 중학교 무상교육을 실시하고 전교조를 합법화하여 교육복지와 교육민주화의 초석을 다졌다. 노무현 대통령은 교육감 주민직선제, 보건교과, 교장공모제를 도입하여 학교자치를 실현하려고 노력했다.

그러나 대통령들은 무시험입학제에서 미완된 학점제를 주목하지 못했다. 교육과정의 통제자인 교육전문직과 교장의 자격체계는 일제日帝의 잔재를 강고하게 유지했고, 그 결과 그들은 국영수를 비롯한 10개 국민공통기본교과의 절대불변 체제를 선호했으며, 일반직들은 준準전시체제의 군사단위인 학급班을 기준으로 하여 교원수급, 교육과정을 편리하게 실행하는 재미에 푹 빠져서 안주했다. 그 부산물로 정부인지 교육단체인지 불분명한 교총이 생성되었고, 교총에서 뛰어나온 전교조가 생겨났지만 분단의 현실에서 교원단체는 이데올로기 싸움의 희생물로 전락하였다. 교총도 전교조도 교육개혁의 주역이 되기에는 역부족이었다. 그러므로 대통령과 정권은 바뀌어도 교육체제는 바뀌지 않았다.

한국 학생들은 초·중·고등학교 재학기간에 국영수를 얼마나 배울까? 대략 초등학교 1학년부터 고등학교 3학년까지 주당 평균 5시간 수업을 한다. 영어 3시간과 수학 4시간은 국어보다 적지만 수준별 수업이나 심화 보충이 있으니까 국어의 시수 분량을 넘어서면 넘어섰지 별 차이는 없다. 여기에서 방과 후 수업이나 사교육을 포함하면 공부하는 시간을 계산하는것은 불가능하다.

학점으로 환산하면 한 학기에 5학점이니까 12개 학년 24학기 동안 모두 120학점을 이수해야 한다. 1개의 과목이 120학점이니까 국영수를 합치면 360학점이다. 보통 대학에서 이수해야 할 졸업학점이 120학점 정도이니, 한 과목을 공부하는 학점이 대학을 졸업할 수 있는 학점에 해당한다. 그럼에도 불구하고 수능시험에서 대부분의 학생들은 수학을 포기하고, 영어는 120학점을 이수하고도 말을 하지 못한다. 국어를 120학점이나 배웠으면서도 자기소개서 한 장 쓰기 힘들어 인터넷에서 베낀다.

수업 시간표를 국가에서 모두 짜주고 교사들은 지도서대로 가르치기만 하는 구조 속에서 학생과 교사는 '국가의 은혜'에 감사하고 만족하기보다는, 날이 갈수록 원성만 가득하다. 학교폭력에 시달리는 학생이 증가하고, 목숨을 버리는 학생수가 OECD국가 중에 제일 많다.

불쌍한 것은 학생과 학부모만이 아니다. 교수와 교사는 아주 바보가 되었다. 대학의 교수는 학생 선발권도 없고, 평가권도 제대로 없다. 학생선발은 정부가 수능과 내신을 통해 대학서열에 따라 정해주는 대로 뽑아야한다. 대학생의 평가는 학교평가 기준을 준수하여 거의 의무적으로 상대평가를 적용하다보니 교수는 점수를 입력하는 로봇일 뿐이다.

유학파 선배교수들로부터 시작된 백화점식 커리큘럼은 요지부동 수십 년간 변화가 없다. 학교폭력과 컴퓨터 게임, 국·영·수 편중의 교육과정으로 초·중·고등학교가 몸살을 앓아도 이를 반영할 수 있는 대학의 교육과정을 찾아볼 수 없다.

교육부가 2014년부터 학교폭력 과목을 교직과목에서 의무화할 것을 지시하자 대학들은 난리가 났다. 그 어느 것보다 꼭 필요한 과목인데도 수십 년간 편하게 가르치는 익숙한 관행을 바꾸기 싫기 때문이다. 교수들이 골프에 미치고 주식투자에 정신을 빠트리는 이유가 달리 있는 것이 아니다. 대학교육을 온전히 할 수 없는 교수는 이미 교수가 아니다. 졸업장만 아니라면 학생들은 대학에 오지도 않을 것이다.

교사는 또 어떤가. 교장·교감 자격증을 취득하기 위한 점수에 목을 매고 평균 20년 동안 학생교육보다는 공문서 쓰는데 몰두하며 천로역정같은 승진의 길을 걷는다. 30대 후반부터 부장이다 교감이다 하면서 아예 학급담임을 맡지 않고 행정업무에 미쳐서 지내다가 교장이 되면 비로소 한숨 놓고 교사와 학생들 위에 웃으며 군림하는가 싶은데 곧 정년퇴직이다. 무슨 선생님의 인생이 그런가? 하루 종일 교실에 묶여서 옴짝달싹 못하는 교사에게 학교 밖에서 할 수 있는 지적知的활동이나 정치활동은 먼 나라 얘기다. 지방의회는 보습학원장들과 사립 유치원장들로 가득하다. 국회는 사교육의 주역인 그들의 목소리를 교육에 반영한다. 학교는 그들 것이다.

초·중·고등학교 교육을 살리고 중등교육을 대학입시와 분리하기 위해서는 선진국형 학점제를 도입해야 한다. 학생이 자기 시간표를 짜고 교사는 교과전문가로 교과교실을 지키며, 개인주의를 존중하는 체제에서 학교폭력 예방도 수월해진다.

이를 위해 교육부는, 대학문제는 고등교육위원회를 만들어 떼어놓고, 초·중·고등학교 교육의 기획·조정·감사 권한만을 행사해야 한다. 교육정책의 상당부분을 지방의회 교육위원회와 단위학교 학교운영위원회에 이관해야 한다. 교원의 정치활동 허용을 통해 교사가 지방의회나 국회에 진출하면 휴직을 허용하여 의회 인력풀의 질을 높이고, 학교현장의 의견을 주체적으로 국정에 반영하도록 해야 한다.

2013년 4월 1일 연합뉴스는 서울 일반고 10곳 중 3곳은 재학생 3분의 1이 대학수학능력시험에서 최하위 성적을 받는다고 한다.

입시업체 하늘교육이 서울 일반고 214곳의 2012학년도 수능 성적을 조사한 결과에 따르면 재학생 3분의1 이상이 언어·수리 · 외국어 등 3개 영역에서 평균 7~9등급을 받은 학교는 70여 곳에 32.7%였다. 7~9등급은 전국 백분율 석차로 최하위 23% 이내이며 4년제 대학 진학이 어려운 수준이다. 7~9등급이 재학생의 40% 이상인 일반고는 34개 학교에 15.9%였고, 절반이 넘는 학교도 4곳이나 됐다. 가장 비율이 높은 중랑구의 A고는 56.9%였고 중구의 B고는 52.5%였다.

일반고의 학생들 중 7등급 이하가 3분의 1 이상인 학교를 자치구별로 살펴보면 성북 7개 교, 중랑 · 은평 5개 교, 양천 · 동대문 · 관악 4개 교 순이었다. 7~9등급이 3분의 1 이상인 일반고가 송파 2개 교, 강남 1개 교가 있으나 서초구 강동구에는 해당하는 학교가 없었다. 반면 7~9등급 재학생이 20% 이하인 일반고는 53곳으로 24.8%였다. 지역별로는 강남 13개 교, 노원 8개 교, 서초 · 양천 6개 교, 송파 5개 교 순이었다. 한국의 고교 서열화가 새롭게 재편된 것이다.

2013년 3월 8일. 문용린 서울시교육감이 취임 후 처음 일선학교 교장단을 만났다. 교장들은 특목고에 자율고까지 학교 다양화 정책으로 촉발된 일반고 침체 현상을 우려했다. 자율고가 중학교 내신 상위 50% 학생만 지원받고 미달 정원은 추가 모집하는 한편 수시 충원으로 일반고의 우수 학생을 데려가고 있다며 특목고 · 자율고와 일반고의 학력 격차가 크게 벌어지고 있으며 일반고에 학습부진 학생이 크게 늘었다고 탄식했다. 이에 교육감은 자율고

50% 우선 선발제를 폐지하겠다고 했으나 효과는 미지수다.

초등학교 고학년의 사교육 방향과 중학생의 고교 선택에 있어서 분기점이 형성되는 꼭짓점은 아무래도 특목고다. 먼저 학부모의 심정부터 살펴보자.

재벌이 아닌 한국의 보통 부모는 서럽다. 재벌이 아니어서 서럽고, 여기서 안 되면 외국으로 보내야 하는 억지 노릇이 서럽다. 재벌이 아닌 보통 부모들이 선택할 수 있는 것은 결핍동기deficiency of motive를 채워줄 보다 좋은 학교이고, 좋은 학교는 명문대를 많이 진학하는 학교이므로, 학부모들의 성향은 정부 정책에 따라 분화될 수밖에 없다.

1980년대부터 불기 시작하여 1990년대에 절정을 이룬 강남 교육구의 진학 붐은 평준화 정책의 틈새를 비집고 나온 특이한 현상이었고, 오피니언 계층을 강하게 자극시켰다. 기업인, 의·약사, 고급 공무원, 고급장교 등의 2세들이 강남·서초로 몰렸다. 그 결과 강남학군 출신 학생들은 이른 바 명문대학에 대거 진입했다. 동부 리그라 불리는 미국의 명문대학 유학조차 싹쓸이하다시피 했다. 지금도 미국에 가면 서울고, 세화여고, 서문여고 동창회가 번창하고 있다. 물론 지금은 반대로 외고 동창회가 우위를 점하고 있기는 하다.

강남 불패신화는 부동산에도 큰 영향을 끼쳐서 강남 집값의 폭등을 불러일으켰고, 이 문제로 열린우리당은 정권 재창출에 실패하였다. 교육문제가 본격적으로 국민적 관심사로 부각된 것이다.

이 강남불패신화는 2000년대 들어 노무현 정권에서 대폭 늘어난 특수목적고가 본격적으로 등장하면서 막을 내렸다.

외국어고와 과학고는 서울대 진학률을 휩쓸었고, 외국의 명문대 유학은 물론이고, 사법고시와 행정고시에서도 최다의 합격생을 배출했다. 대원외고의 경우 전교생의 60% 이상이 소위 SKY 라인 안으로 무난히 들어갔고, 지방을 포함하여 대부분의 외고가 일제고사와 대학 진학률에서 비외고에 비해 월등한 결과를 도출하였다.

외고는 마치 국가의 동량을 양성하고 배출하는 용광로와 같았고, 신세대 판사들로 불리는 젊은 외고 출신 엘리트 판사들의 개인주의가 지적되었다. 각계에서 외고 출신 인재들이 독과점을 형성하면서 강남학군에서 탈피한 외고출신 인재라는 라인이 구축되었다. 이 시점에서 '인재 불균형론'이 불거졌고, 지방명문고 시대를 구가했던 7,80년대의 명문고 폐해가 답습되어 도래한 격이 되었다.

이른 바 명문고라 불리는 고등학교는 입시성적이 좌우한다. 입시 명문고는 미래 권력의 못자리라는 점에서 '권불십년權不十年'이라는 옛말이 그대로 적용되었다. 그 동안 10년을 기점으로 명문고의 얼굴이 바뀌었다. 지방 공립 명문고 시대가 7,80년대를 풍미했다면, 강남 사립 명문고 시대는 1990년대를 석권했고 2000년대 이르러서는 특목고가 불패신화를 이루었다. 이제 향후 10년간의 주인공으로 자사고와 자율고가 달려오고 있다.

그 동안 특목고는 왜 승승장구했을까? 해답은 간단하다. 공부 잘하는 학생을 특목고에서 싹쓸이했기 때문이다. 최근의 일제고사 분포도와 연구논문 등을 참고해보면 특목고의 높은 입시성적은 학교운영과 무관하게 중학교 인재의 선발방식에서 판가름 난다는 결과를 명징하게 제시하고 있다.

교사들이 우수하다거나 최근의 혁신학교들처럼 교장의 경영 능력이 특별하다거나 그런 것이 아니다. 오히려 메이저 외고일수록 불법 찬조금 시비와 비리가 판을 친다. 이제 특목고 진학 문제는 딜레마가 되었다.

지난 5년간 외고 입시 변화와 진학률, 경쟁률, 수능점수 간 상관관계 등이 담긴 데이터에 따르면 서울 6개 외고의 서울대, 연세대, 고려대 합격률은 2007학년도 66.4%에서 2008학년도 56.4%, 2009학년도 52.5%로 계속 낮아졌다.

2011년부터 외고의 선발방식에 변화가 생겼다. 전국 단위 선발에서 지역 단위 선발로 변경되고, 내신은 기존의 국·영·수·과·사 5개 주요과목 반영에서 중학교 2,3학년 영어 내신점수만 반영한다. 영어 인재만을 선발하겠다는 뜻이다. 그리고 외고가 갖고 있던 전국 단위 내신 선발제는 자립형 사립고로 이전되었다.

그러나 대부분의 영어 내신 1등짜리 학생이 다른 전과목 성적을 나쁘게 볼 리는 없으니, 당분간은 성적 우수자가 자사고를 가야할지 외고를 선택해야할지 심각한 고민에 빠질 수밖에 없게 되었다.

02
수능과 내신이
문제라면

박정희 정부는 지금의 특목고 이상으로 입시학원화 되었던 명문고를 평준화시켰다. 그 결과 대한민국 초등학교와 중학교의 공교육정상화가 일부 이루어졌다. 박근혜 정부는 똑같은 고민에 직면했다. 특목고와 자사고, 자율고는 박정희 시대의 명문고가 갖는 폐해를 고스란히 간직하고 있고, 그것들을 개혁하지 않으면 공교육은 죽는다.

2012년 대통령 선거에서 학교의 교육과정은 각광을 받지 못했다. 여당 후보와 야당 후보가 주목한 것은 중학교 수업활동의 변화였다. 여당 후보는 서울시 교육감 후보를 통해 중학교 1학년 과정을 '꿈과 끼가 있는 행복한 교육'으로 변화시키겠다고 했고, 야당 후보는 중학교 2학년 교육과정을 진로체험 수업으로 개선하겠다고 했다.

여당 후보가 대선에서 승리한 이후, 교육과정은 꿈과 끼는 고사하고 방과 후 수업을 핑계로 한 주지과목(主知科目) 수업이 늘어났다. 정체불명의 스포츠 수업으로 체육 시간 외의 시간을 추가로 짜서 진행하느라고 학교는 난리굿이다. 일반 교과 교사가 스포츠 수업을 진행하며 운동 심판을 보느라 파김치가 되었다. 스포츠 수업은 그냥 학급 간 무한 대결로 치달아 승리를 위한 게임으로 변질되고 있다.

입시는 입학사정관제가 약화되고 사실상 내신이 강조되는 수시가 강화되었다. 이제 옛날처럼 국·영·수만 잘하면 대학갈 수 있는 시대가 되었다. 과거로 회귀하고 있는 것이다. 그러면서도 중학교에 자유학기제를 도입하겠다고 홍보하고 있다. 교육과정 개편도 않으면서, 적나라하게 나타나고 있는 학교현장의 부작용을 개선하겠다는 의지도 없이, 자유학기제만 달랑 붙여놓는다고 자유학기제가 실현되는 것은 아니다.

2013년 3월 28일 교육부는 박근혜 대통령에게 '박근혜 정부 국정과제 실천계획'을 보고했다.

- 초등학교 일제고사는 폐지하고 중학교는 5개 과목을 국영수 3과목으로 축소한다.
- 2016년까지 중학교 자유학기제를 도입한다.
- 학생중심 참여수업으로 전환하고 평가 방법을 서술식 등으로 개

선한다.

- 대학입시를 간소화한다. 입학사정관제는 폐지하고 수시(학생부, 논술)와 정시(선택형 수능 유지)만 본다.
- 공통원서 접수 시스템을 구축한다.
- 공교육 정상화촉진특별법을 제정한다.
- 육아 휴직 등 결원에 정규 교원을 채용한다.
- 초등학교 방과 후 돌봄 프로그램은 연차적으로 무상 지원한다.
- 고등학교 무상교육을 2014년부터 단계적으로 실시한다.
- 셋째 자녀부터 대학등록금을 무상으로(2014년부터) 지원한다.

이와 같은 내용을 살펴보면 고교 무상교육과 돌봄 교육, 셋째 자녀 대학 등록금 무상제 등 복지 측면에서는 분명히 가시적인 변화가 있다. 그러나 중학교 자유학기제나 대입 간소화 등 공교육 개선은 학교교육의 근간이 되는 내신제와 교육과정, 수능의 문·이과 선택과목 체제 등 근본적인 변화를 일체 추구하지 않음으로써 실패와 혼란을 전제하고 있다.

중학교 자유학기제는 다소 긍정적인 의미가 있으나 연간수업일수 195일을 유지한 채 실시하기에는 무리가 따르고, 교사의 행정 업무를 덜어주려는 노력 없이 실현하기엔 힘든 것이다. 그냥 모든 것은 담임교사와 교과담당 교사가 하던 대로 할 것이다. 학교 밖에서는 이러한 세부적인 한계를 잘 인식할 수가 없다. 그러므로 어차피 국·영·수만 잘 공부하면 대학 가는 것이고, 고등학교 교육과정 이수단위는 204단위 그대로 이며, 오히려 내신과 수능이 대학입시의 당락을 좌우하는 최악의 기제로 강화되었다.

이만하면 정부의 교육정책은 '현재 이대로 살자'인 셈이고, 학생들은 '그냥 하던 대로' 학원 잘 다니고, 여유가 있으면 고액과외를 받으면서 국·영·수만 열심히 공부하면 된다. 중학생이 선거 후유증인 유탄을 맞은 셈이다. 학부모는 물밑에서 터질 '2014 고교 절대평가제'란 폭탄을 멀뚱히 보기만 해야 한다.

교과부는 서술형 평가 및 수행평가 개선, 고교 성취평가제 도입 등을 골자로 하는 '중등학교 학사관리 선진화 방안'을 발표했다 (2011. 12. 14). 2013년 수능시험에서 국·영·수 시험 A·B 선택형 으로 보아야한다.

원래 이 문제는 국·영·수를 우열반 식으로 A와 B로 나누자는 것이 아니었다. 대학들과 대학교육협의회가 협약을 체결하여 서구 OECD국가형 입시처럼 인문계통 대학을 응시할 학생에게는 아예 수학을 보지 않아도 되도록 선택과목으로 하고, 반대로 이공계통을 응시하고자 하는 학생은 국어를 보지 않아도 되도록 해주자는 것이었다.

대한민국 학부모에게 입시는 만사萬事이다. 수능과 내신제는 초미의 관심사다. 이에 정부는 현행 내신제를 고등학교 9등급 상대평가제에서 5등급 절대평가제로 바꾸고 점수 부풀리기 등 부작용을 예방하기 위한 감시 · 감독을 철저히 하겠다고 밝혔다.

중간 · 기말고사에 서술형 문제를 늘리고, 통지표 표기방법도 석차/수강자수를 매기는 방식에서 원점수/과목평균(표준편차)을 병기하는 방식으로 바꾼다. 다만 마이스터교과와 특성화고는 선취업 후진학 체제를 구축하기 위해 2012학년도부터 성취평가제를 실시하고, 의심의 눈초리를 받고 있는 특목고 57개 교와 자율고 24개 교, 자율학교 14개 교는 '자기주도학습 전형'이라는 특별한 제도를 적용하여 내신과 면접, 출결로 학생을 선발하겠다고 밝혔다. 한편 5단계 평가제의 관심사인 F(유급)에 대해서는 마이스터교과 특성화고에서 운영하는 전문교과 이외에는 시범실시 후 결정하겠다는 방침이어서, 유급제의 도입은 숙제로 남겨둔 셈이다.

이와 같은 성취도 평가제는 과연 교과부가 제시한 목표 그대로 창의 · 인성 수업모델을 바탕으로 한 '사교육 없는 수업'과 '입시의 정상화'를 이룰 수 있는 것일까? 또한 이 제도는 교육선진화를 달성하기 위한 방안일까? 서남수장관의 교육부는 과연 이 제도를 문제없이 시행할 수 있을까? 성취평가제에 대해 의문이 드는 것을 헤아려 본다.

첫째, 옛 노래를 틀었다.

박정희 대통령 시절, 전국의 중학교는 수 · 우 · 미 · 양 · 가 절대평가제를 실시하면서 백분율 석차를 매겼고, 내신제를 적용하지 않았던 고등학교 역시 수·우·미·양·가 5등급의 절대평가제를 실시했었다.

 1970년대 말과 1980년대에도 사교육 문제는 심각했는데, 다만 그 범위가 총체적으로 발생하지 않고 대학교 본고사에 맞춰 영어와 수학 문제풀이에 집중했다. 당시 지금처럼 고등교육법 시행령으로 대학 본고사 실시를 금지했다면 사교육 문제는 상당히 완화되었을 텐데 거기까지가 한계였다.

 현재의 교과서는 10개 국민공통 기본교과로 묶여 있고, 그 내용역시 주지주의 교육과 입시교육에 맞춤한 형식으로 편찬되어 운용되고 있다. 학습 부담과 입시교육을 유발하는 국·영·수 교과는 집중이수제도 적용받지 않고 초·중·고에서 12년간 해마다 필수로 배워야 한다.

 고등학교 교과목 이수단위는 연간 204단위로 해방 이후 67년간 큰 폭의 변화 없이 그대로 유지되고 있다. 즉 몸통이 그냥 있는 것이다. 교육과정 및 평가란 이 몸통을 전혀 변화시키지 않은 채 평가 형태만 5단계로 바꾸는 것이다. 이러한 국·영·수 위주의 교육과정 체제는 상대평가에 적합한 구조를 지녔고, 절대평가제를 실시하더라도 등급이 아닌 백분율 절대평가제에 유리하게 작용한다.

셋째, 절대평가제의 근본 취지를 훼손할 수 있다.

절대평가의 핵심은 교사의 자율평가다. 절대평가를 실시하는 서구 OECD국가의 절대평가는 '교사별 수업내용에 따라 시험지가 다른 평가'를 말하는 것이다. 한국처럼 학교별로만 시험지가 다른 것이 아니라, 영어교과에 5명의 교사가 있으면, 중간·기말고사에서 5개의 다른 시험지가 사용되는 것이 절대평가다. 그런데 지금 교육부에서 하고자 하는 절대평가는 사실상 상대평가다.

교사별로 혹은 수준별로 다르게 배워도 시험지는 동일하고 그 동일한 시험지를 받아보게 하면서 점수 부풀리기는 하지 말라고 하는 것이다. 교사들이 알아서 담합하여 등급 간 점수와 인원수를 맞추라는 얘기다. 교사들이 담합하지 않고 진짜 자율적으로 가르치고 평가하여 점수 부풀리기가 벌어지면 모든 책임은 교사가 지라는 것이며 내신제의 등급을 유지하라는 것이다.

교육부는 지금 이렇게 교사들을 사기꾼과 협잡꾼으로 몰고 가는 것이다. 교육과정도 바꿀 마음이 없고, 절대평가도 제대로 실시할 마음이 없으면서 등급만 축소해서 옛날로 돌아가고 싶어 한다.

넷째, 사교육비 증가와 특목고 특혜는 심화될 것이다.

현행 교육과정에서 절대평가제에 가장 근접한 특목고와 공·사립 자율고는 향후 입시교육의 새로운 명문으로 부상할 것이다. 교육과정의 유연화와 자율성이 비교적 허용되고 있는 이들 학교는 대학에서 유리한 평가를 받을 수밖에 없으며, 이는 제2의 귀족명문고 시대를 여는 일이 될 것이다.

일반 학교는 낡은 교육과정 속에서 절대평가 체제를 구현하기 어렵기 때문에 할 수 있는 방법은 우열반 운영과 나머지 공부, 사교육에 의존할 수밖에 없을 것이다. 초등학교가 그나마 전인교육이 이루어지는 것은 평가방식이 과학적이라서가 아니라 중학교가 평준화되어 있기 때문이다.

이와 같은 현상을 보면 〈신세계〉가 떠오른다. 이 영화에서는 경찰이 요원을 조직폭력배 조직에 침투시켜서 내부를 교란하고 헤게모니를 장악한다. 조폭은 경찰의 적절한 통제 상태에 있어야 하고 없어지거나 자율화되면 안 되는 것이다. 교육부는 입시를 대학의 자율로 맡기고 학생들에겐 내신과 수능에서 수학과 국어를 선택할 수 있게 해야 한다.

내신 5등급 절대평가제가 제대로 시행되기 위한 조건으로 교육부는 '선진화 방안'을 제시했다. 이 선진화가 서구 OECD 국가의 열린 교육체제를 도입하는 것이라면 교육부는 다음에 대한 의미를 깊이 생각하여 살폈으면 한다.

첫째, 단위제 교육과정을 폐지하고 학점제로 전환.
수십 개의 교과를 학생이 선택할 수 있고, 1명의 교사가 두개의 과목을 가르칠 수 있도록 교원 양성제도를 개편하자.

둘째, 학교장의 교육과정 편성권과 교사의 평가권을 회복.

절대평가의 기반은 학생의 교과 선택권과 교사의 평가권에서 형성될 수 있다.

셋째, 수능을 문·이과별로 수학과 국어 선택.

내신도 문·이과별로 두 개 과목의 가중치를 낮추거나 반영하지 않도록 해보자. 사교육비는 대폭 줄어들고 전공별로 학생의 실력은 심화될 수 있다.

넷째, 교육부의 관료주의를 청산.

발표하는 개혁조치마다 그 속내는 '현행 교육제도' 유지에 있다.

해마다 세계 대학 순위가 발표되면 신문들이 앞 다투어 대학의 질을 논하고 대학당국의 경쟁을 주문한다. 한국의 대학들이 그 선순위에 끼지도 못한다고 난리법석이다.

해당 대학 교수의 국제 학술 논문 수와 대학의 규모가 결정적으로 평가순위를 좌우하는 요소라고 하지만 발표기관들은 대략 각 국가의 몇 개 큰 대학들을 구색 맞추기로 배열하다보니 늘 그 밥에 그 나물이고 신뢰성Trust도 가지 않는다.

1인당 교육비가 가장 높은 대학 중에 아주대, 한림대, 한양대, 가톨릭대, 이화여대, 서강대, 인제대가 있다. 1인당 교육비가

1,287만~1,609만원으로 모두 상위 20위권 이내에 드는 대학들이다. 그러나 이들 대학은 SKY에 치여서 명문의 반열에 오르지 못했다.

중앙대는 재벌 대기업 회장님이 이사장을 맡더니 '대학개혁'을 한답시고 힘없는 학과부터 통폐합을 하고 항의하는 대학생을 징계하고 쫓아내는 등 난리를 폈다. 그 기세대로라면 연·고대를 따라잡을 줄 알았는데 아직 그저 초라한 분규 대학으로 손가락질 받고 있다. 왜 그럴까? 왜 질 높은 교육과 양질의 학교운영, 경쟁만능의 경영을 해도 한국에서 대학의 순위를 결정적으로 높이는데 아무런 도움이 되지 못할까?

고등학교 내신과 수능 상위권 학생, 특목고 학생들이 가장 선호하는 대학은 질 높은 교육을 하는 대학이거나 높은 수준의 교육비가 투자되는 학교가 아니다.

어느 날 나는 서울의 중위권 대학에 근무하는 교수들과 한담을 나누다가 그 분들이 갖고 있는 불만을 듣고 깜짝 놀란 적이 있다. 자신들의 대학에 입학한 학생들이 우수하지 못한데 그 이유가 고등학교 교육이 부실하고 수능의 난이도가 낮아서 그렇다고 투덜댔다.

"그러면 수능의 난이도를 높이면 우수한 아이들이 교수님들 대학에 들어옵니까? 여전히 SKY로 몰리는 것 아닌가요?"

그러자 중위권 대학의 교수님들은 자존심이 상했는지 약속한 듯 아무 말도 하지 않았다. 한번 생각해보자. 결국 우수한 신입생이 몰리는 대학이 한국의 대학 서열을 결정한다면 그 우수한 아이들의 '우수성'을 정해주고 보내주는 요인은 무엇인가?

첫째, 우수성을 결정하는 외적 요인에는 두 가지가 있다.

하나는 일반 인문계 고교생들의 경우 내신과 수능 우등생이고, 그 다음엔 특목고이며 특목고도 대원외고와 서울 과학고부터 시작해서 꼴찌 특목고까지 쭉 줄을 세웠다. 이 두 가지가 우수성을 결정짓는 요인이다.

이들이 SKY를 가고 그 다음부터 대학을 줄 세워 선택한다. 대학이나 학생이 결정할 문제가 아니고 거의 신성불가침이다. 따지고 보면 고등학생을 어느 대학에 보낼 것이냐를 결정하는 것은 정부와 고등학교 교사들인 것이다. 대학이 끼어들 여지는 없다. 이런 폐해를 줄이고자 입학사정관제를 도입했지만, 대학 스스로 입학사정관제를 수시 특별전형으로 녹여서 선발권을 정부와 고교 교사에게 반납했다. 그래서 여전히 정부는 수능으로, 고교는 내신으로 대학선발권을 쥐고 있다.

둘째, 수학이다.

우수성을 입증하려면 수능에서 수학을 잘해야 한다. 이른 바 일류라는 대학은 엄밀히 따지면 수학 영재들이 모인 곳이다. 문학에 적성이 있고 습작을 좋아하는 아이가 서울대 국문과에 진학하려면 문제풀이식 수학공부에 전념해야 한다.

우리나라 수학자들은 수학을 잘하면 다른 과목도 잘 할 수 있다는 형식도야설을 맹신하고 있지만, 형식도야설은 이미 국제적으로 공신력이 높은 각종 수학학회에서조차 그 신빙성을 의심하고, 근거가 희박하다는 결론을 내렸다. 국가가 제도로 고착화시켜서 수학이 아이의 인생을 좌우하게 하는 우리나라의 현실은 그런 면에서 전근대적이고 비과학적이다.

이 두 가지를 보면 정부가 정책으로 내신과 수능을 통해 전국의 학생들을 줄 세우고 그 중에서 결정적인 당락의 요소로 수학성적을 정했다. 일단 여기에서 통과하지 못하면 SKY는 없다. 오죽하면 외국어 전문 인재양성을 위한 외고조차도 빠짐없이 이과반을 운영한다. 좋은 대학을 만드는 우수한 인재 선발을 국가가 통제하고 배분하는 것이다. 그리고 우수한 인재를 규정하는 교육과정과 입시에서 수학이 결정적인 요인으로 작용한다.

흔히 입시와 대학 개혁을 얘기할 때 대학의 신입생 선발 문제를 거론한다. 맞는 말이다. 하지만 선발은 결과일 뿐이다. 지금까지 그 얘기만 했기 때문에 진짜 숨겨진 문제점을 발견하지도, 공론화하지도 못한 것이다.

대학을 개혁하려면 페어플레이가 보장되어야 한다. 열심히 노력하는 대학이 우수한 인재를 유치할 수 있어야 한다. 죽어라 노력해도 그 순위가 바뀌지 않는 구조를 만들어 놓고 대학경쟁력을 논하면 그것은 죄악이다. 우선 교육부는 고등학교 1학년부터 국·영·수를 집중이수제로 운영하여 학생들이 전공별 대학입시를 준비하게 해주어야 한다. 교육과정에서 국·영·수 선택제와 집중이수제가 실시되면 자연스럽게 학점제를 도입할 수 있고 내신이 완화되거나 폐지되어 학생은 학습 부담을 덜고 대학은 원하는 선발 방식을 다양화 할 수 있다. 그 연장선에서 수능에서도 국·영·수 선택제를 실시해야 한다. 그렇게 하면 순차적으로 수능이 자격고사로 전환될 수 있다. 이 모든 권한과 절차가 교육부에 있다.

정부가 이렇게 개혁을 하는 전제조건으로 대학은 어떤 경우에도 지필고사형 본고사를 치르지 않아야 한다. 인문계 학과는 전공과 영어 에세이를 시험으로 보고, 이공계는 수학과 전공 능력을 시험하면 된다. 국·영·수를 통으로 시험 보는 것이 문제이지 전공을 살린 논술이나 에세이를 본고사형으로 보는 것이 좋다.

03

다양함을 배양하는
학점제와 학교자치

교육이라는 측면에서 아이들을 위해 어른들이 가져야 할 지향점은 무엇일까? 지난 67년간 유지해 온 현행 국가단위 교육과정을 학생의 선택권을 보장할 수 있는 학점제로 바꾸는 일, 대학의 교수와 교직원의 인건비를 국가가 지급하고 대신 학생 등록금 책정권을 정부가 행사하여 등록금을 당장 반값으로 낮추는 일, 교육과 행정의 완전 분리로 교사의 전문성을 확보하는 일, 영어 스펙을 기업체 인력 채용에 반영하지 않도록 정부와 대학, 기업이 사회적 협약을 체결하는 일, 학교자치의 법제화와 교사평가를 연구업적 평가로 바꾸는 일. 이러한 일을 생각해보면 '선진국형 교육제도'에 진입하기 위한 과제가 산적해 있다는 것을 알 수 있다.

단위제 교육과정을 약간 손질한 '교과교실제'와 '고교내신제 절대평가'는 학점제가 아니다. 이는 학점제와 전혀 다르다. 학점제는 교육과정의 전면 개혁과 학급담임제 폐지를 전제로 한다. 서구 OECD국가들이 채택하고 있는 지극히 평범한 교육과정이며 아이들이 자기의 시간표를 짜도록 배려하고, 교과서도 인정이나 자유발행제를 채택하는 특징이 있다.

우리의 교육부는 필수, 선택, 재량, 의무시수로 묶어서 모든 과목을 강제하고 있다. 교과서도 국·검·인정으로 철저히 통제하고 있다. 그 결과 '국가형 시간표'가 짜이고 단위학교는 자유가 없다. 그냥 교육부장관이 시키는 대로 교사는 학생을 가르치면 된다. 교사는 어느 수준까지 어떤 방식으로 가르칠 것인가 고민할 이유가 없다. 그것을 고민하면 따로 교장에게 교수학습안을 결재 받아야 하고, 소신껏 가르치면 감옥을 가거나 해직 당할 수도 있다.

또한 교사와 학생이 스스로 할 수 있는 것은 별로 없다. 대학교수의 교과목은 수십 년째 천편일률적이고, 평가는 교육부가 시키는 대로 상대평가를 한다. 대학의 자율과 교수의 전문성 보장은 말뿐이다. '공부만 잘하면 된다.'고 위안 삼으며 한국의 교육이 세계적으로 우수하다고 자랑하는 것은, 마치 옛날 가난한 동유럽의 공산국가들이 국민전체의 체력은 떨어져도 국가체육으로 터미네이터처럼 선수들을 훈련시켜 올림픽을 싹쓸이한 것과 무엇이 다른가. 교육과정의 20%를 증감할 수 있는 권한을 자율학교에 허용하고 있지만, 기차가 레일 위에서만 자유롭듯이 필수와 선택, 국·검정 교과서 체제를 벗어난 자유를 누릴 수는 결코 없다.

그런데 왜 한국은 교육과정을 자율화하고 바꾸기를 꺼려할까? 여러 가지 이유가 있겠지만 그것은 무엇보다 관료들의 밥그릇 때문이 아닌가 싶다. 예를 들면 초중등 교육을 실행하기 위해 구성된 교육부의 모든 조직은 생리상 교육 과정을 수행하기 위한 역할을 담당한다. 교육부의 교원정책 부서는 교육과정을 수행하기 위한 교원 확보를, 교육재정 부서는 교육과정을 차질 없이 준비하기 위한 재원 마련을, 교육청은 교육 과정의 운영을 책임지고 있는 것이다. 그리고 학교장은 교육과정을 집행하기 위해 존재한다.

이 때문에 현재의 교육과정을 그대로 유지해야 교육부의 행정직 직제가 교육의 지배구조로 변함없이 정착되고, 교육전문직의 감독권과 교장승진을 위한 교원구조가 유지된다. 심지어 교장을 비롯한 교원도 학급당 1,2명하는 식으로 결정된다. 학급운영을 목적으로 짜인 현재의 교육과정은 지금의 거대한 교육관료, 교원승진의 몸통이자 뼈대인 것이다.

학점제의 특징은 학생이 배우고자 하는 과목의 시간표를 짜서 자유롭게 교실을 찾아가는 것을 말한다. 학점제로 운영되는 미국의 텍사스 주 오스틴 교육구 고등학교에서 영어에 대해 수강할 수 있는 과목이 54개다. 영어 8개, 제2영어 3개, 읽기 4개, 언어선택 6개, 말하기와 토의 22개, 신문방송 11개이다. 말하기 · 토의 분야에서는 회화, 구두해석, 연설, 회화적용, 토의, 개인연구 등이 단계별로 있다.

이와 같은 학점제에서 졸업하기 위해 필요한 최저 학점은 4학점이다. 영어를 잘하는 학생은 필수학점 이상 고급 수준의 과목을 선택해서 듣는다. 다양한 수강신청 과정에서 학생의 적성이 개발되며, 대학은 이를 바탕으로 학생의 취향과 소질을 판단한다. 실질적으로 대학에서는 이 학점제를 바탕으로 학생을 선발한다.

학점제를 시행하기 위해서는 지금의 학급 체제를 바꾸어야 한다.

학부모에게 담임선생님은 상당히 두려운 존재다. 담임에 따라서 아이들의 학교생활이 바뀐다고 생각하기 때문이다. 그래서 담임을 학생들이 뽑자는 담임선택제가 사회에서 파장을 일으키고 있는 것이다. 하지만 담임선택제가 완벽한 해결책은 아니다.

상당수의 서구 OECD국가의 중·고등학교에는 행정적으로 학생을 통제하는 학급담임제 대신 교과담임제를 시행한다. 교사는 교육활동으로 평가를 받고, 교과의 전문성으로 평가를 받는다. 학생들은 교과 교실을 순회하면서 공부하고, 학급활동은 주 1,2회 정도 학급회의를 한다. 학생들이 획일적으로 필수 교과 이수에 허덕이지 않고, 자신의 흥미와 재능을 존중받는 가운데 학습량 조절이 가능하고, 내적 동기에 따른 보다 효과적이고도 행복한 교육이 가능하다. 학생의 학습 수준에 따라 경쟁력을 확보할 수 있다.

물론 교과담임제를 시행하기 위해선 행정인력과 학습보조요원이 확충되어야 한다. 지금의 예산을 크게 늘리지 않더라도 교육청과 학교평가, 각종 시책성 교육 사업을 줄이고 제도 개선에 예산을 돌린다면 불가능한 일이 아니다.

지금까지 교육개혁이 만족할만한 성과를 내지 못하고, 때마다 벽에 부딪히고 오히려 사교육비를 양산한 이유는 간단하다. 본체인 학교 교육과정을 그대로 둔 채 대입제도 등 부분만 손질했기 때문이다. 초·중·고 교육과정은 거론하지 않고 대학입시만 바꾸면 만사가 해결된다는 주장은 원인을 방치한 채 결과에만 대응하는 대증요법일 뿐이다. 선진국의 학교교육이 비교적 정상화되고 대입제도가 유연한 것은 그 토양인 교육과정이 유연하기 때문이다.

현재의 학교 교육과정은 사교육과 대학 서열화를 고착시켰다. 정부는 EBS와 교사들을 내세워 돈벌이를 하고 있다. 사교육 시장 점유자에게 교육청을 맡긴 채 팔짱을 끼고 방관하다시피 했다. 그러면서 사교육이 학부모의 이기심 때문이라고 책임을 전가하는 TV광고까지 했다. 아이 양육비에 놀란 엄마들은 이제 아이를 낳지 않으려고 한다. 저출산이라는 국가 위기 앞에서 교육 기득권 세력, 대학, 사교육 시장이 막대한 불이익을 보더라도 본질적인 교육개혁을 서두를 때다.

교육위원 일몰제에 따라 2014년 지방선거를 계기로 교육의원제는 사라진다. 이로써 지난 20여 년 독립위원회로, 혹은 지방의회의 특별 상임위원회로 존재하던 교육위원제는 폐지되고 2014년부터 지방의회 교육상임위원회로 재편된다.

교육 자치에서 교육의원제가 갖는 의미는 퇴색하고 주민이 지방의회를 통해 교육 자치를 책임지며, 지방자치단체장의 개입력도 높아지게 되었다. 교육감과 교육의원 출마 조건이었던 교육 및 교육행정 경력 조항도 폐지되고 당적 보유 금지 기간이 2년에서 6개월로 줄었다. 이로써 교수, 교장, 교육행정직, 교원단체 출신의 인사들이 교육위원회에 독과점으로 진출하는 교원독과점 시대가 막을 내렸다. 물론 비례대표제를 도입함으로써 일부 교육경력자의 비율을 유지시킬 수 있는 출구를 열어두었다고는 하지만, 사실상 이번 조치로 인해 향후 교육의원 자리는 정치권에서 독식할 수 있는 기회로 전환된 것이다.

이를 둘러 싼 국회 논의에서 교육계는 내홍을 겪은 반면, 평소 진보와 보수의 편으로 갈라서서 편들기를 일삼던 여당과 야당은 모처럼 일치단결하여 법 개정을 밀고나가는 단합된 모습을 보여주었다.

2010년 1월 15일에 진행되었던 국회 교육상임위원회의 공청회장에서 교총의 정책연구소장 한재갑씨는 국회의 결정을 반헌법적 폭력으로 규정하였고, 전교조의 박석균 사무처장은 정치권의 공천 탈락자 구제의 일환으로 치부했으며, 해양대의 김용일 교수는 전근대적이고 협소한 정치집단의 이기주의로 그 의도성을 비판하였다. 학부모단체는 찬성과 반대로 엇갈렸지만 그 기준의 접점은 엉뚱하게도 전교조 옹호와 반대의 색깔 논쟁으로 번져서 논의의 한계를 보여주었다. 그 논쟁에서 뜻밖에도 빛을 본 것은 한나라당

권영진 의원의 날선 공박이었다.

　권영진 의원은 교총의 주장에 대해 헌재의 위헌 판결은 이번 법 개정 내용과 무관함을 지적함으로써 한재갑씨의 논거가 근거 없는 비난용임을 증명하였고, 전교조의 주장에 대해서는 2010년 6월인 지방선거의 시기가 지난겨울 2009년에 끝난 공천의 시기와 어긋나므로 공천 탈락자 구제와는 무관함을 증명하여 박석균씨의 주장에 제동을 걸었다. 김용일 교수 역시 그 주장이 과거로 돌아가자는 것 아니냐는 권 의원의 집요한 공격에 마침내 이번 법 개정은 그 방향이 전체적으로 옳다는 쪽으로 토론하여 결론이 약간 이상해졌다.

　오히려 찬성론자로 나온 이기우 인하대 교수의 '교육자치가 교육청 자치가 아닌 학교자치여야 한다.'는 주장이 설득력을 얻었다. 공청회를 통해 승기를 장악한 교육상임위는 일사천리로 법 개정을 밀고 나갔고, 이로써 해방 이후 수차례나 법 개정을 거듭하며 일반자치와 갈등을 겪어 온 교육 자치는 통합의 길로 들어서는 계기를 형성하였다.

　그러나 지난 법 개정은 많은 상처를 남겼다. 교육경력을 삭제하고 문호를 개방한 점을 비난하기는 어렵다. 교육의원 자리가 교육계에서 정치계로 넘어가게 된 것 역시 탓할 일만은 아니다. 문제는 법 개정에서 보완되어야 할 '학교자치'가 빠진 것이다.

　교육위원의 교육경력 자격 조항을 폐지하면서 왜 그 동안 교육경력을 유지시켰느냐에 대한 성찰이 없었다. 이것은 교육의 당사자들이 정치의 장에서 교육의 어려움을 직접 호소하고 해결하게 하기 위한 배려였다. 그러므로 자격조항을 폐지할 때는 미국처럼 반드시 교원의 교육의원 진출 시 휴직조항을 개설했어야 옳았다.

대학교수들에게 정치권 진출 시 휴직을 허용하는 것처럼 교사들에게도 동일한 원칙을 적용할 좋은 시기였는데 이에 대해서는 논의조차 없었다. 여당도 이런 면에서는 잿밥에만 마음이 있었지 교육은 외면했던 것이다.

선진국들이 교사의 지방의회 진출을 위해 휴직제를 둔 것은 교육의 문제를 당사자들이 책임지도록 하는 책임정치의 구현과 비교적 깨끗하고 전문성 있는 인재풀을 유지하기 위함이다. 갈수록 혼탁해지는 선거판과 영락없는 자질 시비로 편할 날이 없는 지방자치에 의식 있는 교사을 진출시켜 국가 경쟁력을 고양시킬 수 있는 좋은 기회였다. 지방교육 자치는 그 동안 퇴직 교장들의 집안잔치로 전락하여 많은 문제점을 노정했는데, 이러한 폐단을 고치기 위해 교사의 지방의회 진출을 위한 휴직조항은 꼭 필요한 사안이었다. 그리고 정치권의 부당한 간섭을 최소화하고 전문성을 살리기 위해 학교자치의 구성 요건인 학부모회와 학생회, 교사회를 법제화하는 것이 병행되었어야 옳았다.

하루아침에 교육 권력을 퇴직 교장 및 교육행정직, 교수 출신에서 구태스런 정치권 출신들로 바꿔치기하는 것은 눈 가리고 아웅

하는 격이다. 바꿔치기 했으면 선진국형으로 보완하고 배려하는 조치가 따라야 했는데, 욕심이 앞서서 누구도 교사의 휴직 조항과 학교 자치는 거들떠보지 않았다. 의회의 교육자치 통합 문제가 왜 집안잔치로 인식되었는지를 국회의원들은 새겨보아야 한다.

전교조와 교총의 패널들도 바로 이 점을 지적했어야 옳았다. 왜 교육주체가 의회에 주역으로 등장해야하는지 설득력이 부족했다. 교육주체에 교사와 학생을 빠트렸기 때문이다. 이번 법 개정에서 교육의 주체인 주민과 학교구성원의 대의 정치 보장에 대해서는 국회의원과 교원단체 모두 논의조차 하지 않았다.

1960년대 이래 세계 각국은 교육청 등 행정기관의 역할을 점차 축소하고, 단위학교의 자치, 학급의 자치로 교육자치의 개념을 명확히 규정하고, 교육관계 당사자인 학생·학부모·교사의 관계정립을 중요하게 다루고 있다. 학교 자치란 지방자치단체와 교육위원회에 우선하여 단위학교에서 교육에 관한 자주적 결정권을 갖는다는 것을 의미한다. 이는 교육에 있어서 지역적 특수성에 따른 지방 교육자치보다 한 걸음 더 나아가서 학교마다 다른 현실적 여건 속에서 전통이나 학풍, 기타의 특성을 최대한으로 발휘할 수 있도록 장치한 것이다.

이 때문에 학교자치 체제에서 단위학교는 교육과정 편성권, 교무분장권, 학생 징계권, 기타 교육조치의 권한을 갖는다. 교사는 수업내용 편성권, 교과서 사용 재량권, 평가권, 생활지도권, 징계

권을 갖는다. 그러므로 교사회·학생회·학부모회를 법적기구화
하여 이들 기구가 단위학교 및 교사의 권한과 유기적인 결합을 이
루어 전체 학교의 교육활동을 운영하고, 이에 대하여 교육청이나
학교장이 부당하게 간섭하기보다는 지원하고 협력한다.

결국 교육의 자주성이란 학교가 교육행정의 부당한 지배로부터
자유로운 것이고, 교육수행에서 요구되는 전문적 자율성과 더불
어 교육적 목적이 추구되는 인간주체성에 기인하는 것이다.

04

개선할 것인가,
개혁할 것인가

이명박 대통령의 교육개혁은 임기 종료와 함께 빠르게 침몰하고 있다. 교과부 장관 특별교부금으로 추진했던 학교폭력 대책은 박근혜 대선 후보의 대선공약인 스포츠 강사 인력 확보 등의 영역에 의해 밀려나고 있다. 이미 학교폭력 예방을 위해 채용했던 Wee class 전문상담사 969명이 해고되었다. 간판급 정책이던 학교자율화도 퇴색할 전망이다.

2013년 3월 25일자로 단행된 교육부 인사에서는 노무현 정권 시절 서남수 신임장관과 손발을 맞췄던 관료들이 대거 중용되었다. 서남수 장관의 신임을 받는 성삼제(기획관리실장), 이근우(교육정보통계국장), 정종철(기획조정실 기획관), 김문희(대변인), 황홍규(학생복지안전관), 정병걸(지방교육지원국장) 등이 측근으로 기용되었다.

이명박 시절 학교자율화 정책은, 이 정책을 입안한 이주호가 교육과학문화 수석비서관을 거쳐서 교육부 차·장관으로 임용되어 교육정책의 연계성을 꾀했지만, 결과는 참담했다. 대학등록금 후불제로 등록금 반값 공약을 지켰다고 억지를 쓰지만 대학생들의 반응은 냉담했다.

"누가 꾸어달라고 했니? 반값으로 깎아달라고 했지!"

대학생들이 원한 것은 비싼 등록금의 인하였지 대출로 고가의 등록금을 유지시켜달라는 것이 아니었다. 정보공시법 역시 오프라인으로 통지표를 주는 기존의 관행과 별반 다르지 않았으며 학부모는 자녀를 통하거나 우송받는 전통적인 방식을 교육적으로 선호했다.

진정한 MB표 정책이라고 할 수 있는 일제고사를 통해 MB는 얻은 것보다 잃은 것이 더 많았다. 일제고사를 통해 아이들의 성적이 오르고 대학진학률이 높아진 것도 아니었다. 시끌벅적하게 시행한 일제고사의 성과에 대해 들려오는 긍정적인 소식은 전무하다. 사교육에 시달리는 학부모의 마음을 달랬다는 소식도 없고, 학생의 학력이 높아졌다는 증거도 없다. 전교조 교사 해직이니, 일제고사 거부니 하는 갈등과 파동뿐이었다.

일제고사는 새 정부 들어 대폭 축소되었다. 교육은 백년지대계가 아니라 오년지소계가 되었다. 조전혁 한나라당 국회의원을 우익의 소영웅으로 만들면서 메이저 신문에 대문짝만하게 공개한 '수능성적 공개' 역시 초라하다. 수험생들에게 별로 도움이 되지도 않았다. 오히려 조전혁 의원은 전교조의 명단 공개는 사생활 침해라고 고소를 당해서 거액의 배상금을 지불해야 할 처지에 놓였다.

자율형 고등학교의 도입으로 사교육비가 줄고 영재교육이 활성화 될 것인지에 대한 비전도 없다. 급기야 학교폭력을 효과적으로 막지 못하여 언론의 질타를 받았다. 대학정책도 엉망이어서 부패비리사학의 주범인 구재단이 속속 복귀하는 진풍경이 벌어졌고, 나름대로 대세를 이루었던 총장 직선제도 이사회 선출제로 바뀌었다. 효율성의 저하, 민주주의의 후퇴, 관치행정의 폐해가 두드러졌다. 국민의 요구와 정책의 추진이 엇박자를 이루었기 때문이다.

입학사정관제는 확실한 전망과 장점에도 불구하고, 본격적으로 시작하기도 전에 세 가지 문제에 봉착하였다. 고등학교 등급제와 내신제로 인해 다양한 입학사정의 못자리가 형성되지 못했고, 대학들이 특별전형을 통해 입학사정관제를 무력화시켰으며, 입학사정관의 신분이 대학 입시처의 행정요원화 되면서 자율적인 업무성과를 발휘하지 못하였다. 국회 교육상임위에서는 입학사정관 예산에 대해 비난 일색이었다.

MB표 교육개혁이 마이너스 방식에 충실한 아마추어 정책들로 가득 차 있다는 지적은, 실용적이거나 국민친화적인 정책이 없었다는 뜻이기도 하다.

교장공모제는 평교사가 응모할 수 있는 내부형을 사실상 폐기하면서 교장들의 집안잔치로 전락했고, 지역 교육청 폐지를 전제로 한 교육지원센터 도입은 이름만 교육지원청으로 바꾸는데 그쳤다. 국·영·수·체의 주요 입시과목과 힘 있는 과목의 이해관계에 놀아나서 끝내 선진국형 학점제를 도입하지 못했다.

2009개정교육과정은 교육의 미래를 어둡게 하고 있다. 대학입시 개편은 손도 대지 못하고 있다. 겨우 물꼬를 트러나 싶었던 주 5일제 수업의 전면 도입이야말로 MB표 교육개혁의 패자부활전에 해당 될 수 있는데, 그에 걸맞은 교육과정 개편을 미루면서 교수학습의 과부하가 형성되었다. 결국 MB표 교육개혁은 신기루가 되었다. 제도개혁을 하지 못하고 '이주호 장관표 행정 개선'에 매진한 MB표 교육개혁의 한계였다.

서남수장관은 2013년 3월 28일 초등교의 국가수준 학업성취도 평가를 폐지하고 2017년까지 고교무상교육을 전면 도입하겠다고 박근혜 대통령에게 업무보고를 했다. 또한 꿈과 끼를 살리는 교육과정 운영을 위해 2016년까지 중학교 자유학기제를 도입하고, 대입전형을 간소화하기로 했으며, 특성화 전문대 100개교를 육성하고, 대학의 반값등록금을 마련해 교육비 부담을 경감하겠다고 보고했다.

교육부는 '행복교육, 창의인재 양성'을 교육정책의 비전으로 정하고 '꿈과 끼를 키울 수 있는 학교 교육 정상화 추진', '미래인재 양성을 위한 능력중심 사회기반 구축', '고른 교육기회 보장 위한 교육비 부담' 등을 핵심 목표로 제시했다.

자유학기제는, 현행 교육과정의 기본 틀 내에서 조사·발표·토론·실습·프로젝트 수행 등 학생 참여 중심의 수업을 실시하고 다양한 문화·예술·체육·진로 프로그램 운영이 가능하도록 자율성을 확대하는 방식으로 운영될 예정이다. 자유학기제 대상학기, 평가방식 등 구체적 운영방안은 전문가 등의 의견수렴을 거쳐 마련하기로 했다. 2013년 하반기부터는 연구학교 37개교를 운영하는 한편 2014~2015년에는 희망하는 학교를 대상으로 확대하고 2016년 전면 도입할 계획이다.

학생들의 시험부담 완화를 위해 중학교 국가수준 학업성취도평가 과목을 현행 5과목(국어, 영어, 수학, 사회, 과학)에서 3과목(국어, 영어, 수학)으로 축소할 방침이다. 2014년까지 모든 중학교와 고등학교에 진로교사를 배치하여 맞춤형 진로심리 검사와 진로상담이 이루어질 수 있도록 할 예정이다. 대입전형도 간소화된다. 수시는 학생부 또는 논술 위주로 하고 정시는 수능 위주로 전형요소와 전형요소별 반영비율을 단순화하는 방안을 올 8월까지 마련하고 2015학년도 대학별 시행계획에는 핵심전형요소를 중심으로 간소화된 입학전형을 제시하도록 할 예정이다.

2014학년도 대학 입학전형의 경우 대교협에서 7월에 발표하는 수

시모집 주요 사항과 11월에 발표하는 정시모집 주요 사항에 단순화된 전형명칭을 부제로 표기하도록 할 방침이다. 대학·학과별 특성화 강점 분야에 집중 투자하는 특성화 전문대 100개교를 육성하고 전문 기술·기능 보유자가 고도의 기술연마를 통해 산업 분야 명장으로 성장할 수 있도록 산업기술 명장대학원을 신설할 예정이다. 산업기술 명장대학원은 2014년 50개교, 2015년 70개교, 2016년 100개교를 목표로 한다.

셋째 아이 대학등록금 전액 지원도 추진된다. 초등학교의 경우 2014년부터 연차적으로 오후 5시까지의 방과 후 돌봄 프로그램을 전체 희망 학생에게 무상 제공한다. 추가 돌봄이 필요한 맞벌이·저소득층·한 부모 가정 자녀를 대상으로 급식 및 돌봄 서비스를 오후 10시까지 무상으로 제공한다. 유치원의 경우도 누리과정 운영시간을 현행 3~5시간에서 점심시간을 포함해 5시간으로 늘린다. 고등학교 무상교육을 2014년부터 순차적으로 실시해 2017년 전면적으로 도입한다고 한다.(교육부 보도자료. 2013.5.9.)

새 정부의 교육정책은 대체로 복지에 초점을 맞추고 있다. 그렇다고 교육비를 획기적으로 늘리겠다는 뜻은 아니다. 크게 30개 항목으로 이루어진 교육공약 중에서 구체적으로 증액을 약속한 것은 체육 스포츠 강사 인력 확보, 소득연계 맞춤형 반값 등록금 지원, 고교 무상교육, 초등학교 돌봄 학습, 대학재정지원 정도이다.

자유학기제 도입에 따른 교과교실 확대도 별도의 교실 증축 예산은 배정하지 않았다. 단위제 교육과정을 학점제로 바꿀 의지도 없다. 한마디로 정부와 교육청은 매뉴얼 하나 던져주면서 입만 벙긋거리고 모든 것은 '학교와 교사가 알아서 하라'는 식이다.

정부는 '행복교육'이라는 캐치프레이를 걸고 꿈과 끼를 이끌어내는 교육을 실현하겠다고 약속하였다. 국정과제를 살펴보면 행복교육은 전반적으로 개선improvement에 초점을 맞추고 있음을 알 수 있다.

개선과 개혁revolution의 차이점은 분명하다.

개선은 현행 교육정책을 성공적으로 평가하고 그 연장선상에서 부분적으로 손질하여 좀 더 나은betterment 상태를 유지하겠다는 뜻이다. 그러므로 정부의 정책에는 '교육과정의 혁신적 개편', '교육과 행정의 분리 입법화', '교장자격증제 폐지 및 보직제 도입', '교원평가의 연구형 업적제 전환', '대학제도의 국가책임제 실현', '대학생의 상대평가 폐지', '교수자격제도의 근본적 개편', '학교 자치 법제화' 등 현행 교육을 선진국형으로 탈바꿈시킬 과제는 일체 포함되어 있지 않다.

현행 교육정책을 유지하면서 일부 개선improvement하고자 할 뿐이다. 그러나 그것도 잘해야 본전을 찾을 수 있다. 잘못하면 관료형·과거형으로 회귀했다는 평가를 받을 공산이 크기 때문이다.

국정과제 중 가장 강조한 '인성교육의 우선수업 강화 및 진로

탐색형 교육과정 운영'을 살펴보자. 이는 자유학기제에 따른 인성교육의 일환으로 협력학습, 집단평가, 토론식 실천수업을 강화하고 이를 위해 관련 자료를 개발 및 보급하겠다는 것이다.

중학교 1학년에서 필기형 중간·기말고사를 폐지하고, 진로를 탐색할 수 있는 교육과정을 도입하기 위해 초등학교에서는 국가수준 학업성취도 평가를 폐지하거나 중학교에서는 시험과목을 축소하여 운영 매뉴얼 및 프로그램을 개발·보급하겠다는 것을 골자로 하고 있다. 또한 개인 맞춤형 진로설계를 지원하기 위해 진로상담 교사를 추가 배치하고, EBS 온라인 지원체제를 구축하겠다고 한다.

인성교육은 말은 쉽지만 참 어려운 과제다. 정부는 자료를 보급하고 교사는 우선 수업을 통해 실천하면 된다는 것이지만 이는 '모든 책임은 교사가 지라'는 뜻이다.

중학교 1학년에서 시험을 폐지하는 것은, 현재 중학교 1학년의 내신이 고입에 1%도 반영되지 않는 것을 감안하면 새로울 것이 없다. 2014년부터 중학교 1학년의 성적을 내신에 반영하겠다는 서울시교육청의 발표도 참 어이가 없다. 학업성취도 시험과목 폐지나 축소, 중간·기말고사를 폐지한들 학교에서 수행평가식으로 보충수업을 강화하면 효과를 보기 어려울 것이다.

진로교육도 학교에 진로 상담교사를 배치하고 교육방송 청취를 늘린다 할지라도 결국은 담임교사의 잡무와 행정업무만 폭주할 것이다. 결국 눈 가리고 아웅하지 않으려면 교·사대 교육과정의 전면 개편과 교수요원 체제의 혁신, 국가단위제 교육과정의 폐지 및 학점제 실시, 점수형 교원평가를 연구형으로 개편, 담임제 폐지 및 전문지도교사제 도입 등 제도개혁을 수반해야 한다.

'교과서 완전학습 체제구축과 대입 간소화, 사교육비 경감'에서는, 참고서가 필요 없는 교과서를 개발하고 학생들이 수업시간에 이를 배우기만하면 수시(학생부 및 논술)와 정시(수능)에서 전혀 불이익을 받지 않을 수 있다고 한다. 또한 사교육비를 획기적으로 줄이기 위해 '공교육정상화촉진특별법'을 제정하여 시험을 학교 교육과정에서만 출제하고, 이를 위해 EBS 차세대 교육서비스 체제 즉 방송과외를 강화하고 스마트 교육체제 및 디지털 교과서를 확대·보급한다고 한다. 나아가 스마트 기반을 평생교육체제로 연계하겠다는 방침이다.

우리는 1970년대에 예비고사와 본고사를 실시하고 그 출제범위는 교과서와 수학1의 정석, 기본영어, 종합영어로 제한된 체제를 유지했던 경험이 있다. 그 결과 베끼기 과외가 성행하고 학원사업이 봇물을 이루었으며 『수학의 정석』저자 홍성대씨 등이 벼락부자가 되는 기적을 보았다. 수능과 논술, 내신이 교과서에서만 출제되고 반영된다면 교사와 학원 강사는 참 좋겠다. 교과서를 달달 외워서 수업하고 학생에게 달달 외우게만 하면 좋은 선생님이 된다. 이런 체제에서 스마트 기반 평생교육이 왜 필요하며 창의인

성형 교육과정이 어떻게 실천될 수 있는지 알 길이 없다.

'체육 활성화 및 스포츠 교육 강화'는 모든 초등학교에 체육 전담교사를 신규 배치하고 모든 학교에 스포츠 강사를 배정하며 그들의 처우를 단계적으로 개선하겠다고 한다. 체육시수가 체력발달에 도움이 되고 예능과목이 정서 안정에 도움이 되는 것을 부인할 사람은 없다. 그러나 그러한 취지를 살리려면 지금의 학교 예체능 교육은 환골탈태해야 한다.

미국 등 교육선진국의 예처럼 정규 체육 시간을 스포츠클럽으로 전면 전환하여 오후 시간에 동아리 활동으로 시행해야 한다. 학생들이 취미와 적성에 따라 자율적으로 가입한 스포츠클럽을 체육 동아리로 인정하여 학점을 부과하고 점수를 주면 된다. 예능과목도 마찬가지다. 음악과 미술 수업을 오후 동아리 활동으로 재편하여 학생들이 정서적 끼를 마음껏 펼칠 수 있게 해주어야 한다.

'교원의 행정업무 경감과 수업시수 경감'은 교무행정업무지원 인력을 확보하고 에듀파인을 활용하겠다고 한다. 교사에게 행정업무를 부과하고 그것을 통해 승진하고 성과급을 받게 하는 것은 사실 국가적 범죄나 다름없다. 초중등교육법 제20조에 교원의 기본업무는 '교육한다'로 통일되어 있다. 이 때문에 행정업무는 경감이 아니라 행정업무를 금지할 수 있도록 법제화해야 한다. 수업시수 역시 신규교사의 채용 증가와 병행해야 할 것이다. 에듀파인은 행정기관이나 회사에 어울리는 시스템이다. 그런데 그것을 활성화한다니 참 걱정이다.

'교원 평가 제도 개선'은 현재 ①교원능력개발 평가 ②근무 평정 ③성과급으로 운영되고 있는 교원평가를 하나로 통합 운영하되 ①교장, 교감, 동료 평가는 인사와 승진으로 ②학부모와 학생의 평가는 성과급과 능력개발 연수 등으로 정리하겠다는 발상이다. 이것은 지금의 교원 평가 3개를 유지하겠다는 뜻으로 보인다.

교원능력개발 평가는 학부모의 평가를 학교운영 평가로 바꾸고, 학생 평가는 객관식만 허용하며, 동료 평가는 폐지해야 한다. 성과급은 호봉별 본봉으로 흡수하고 근평은 교장보직제를 전제로 승진에만 반영하도록 했으면 좋겠다.

그렇지 않아도 교사들이 버려지고 있다. 지난 5년간 이러한 현상은 심화되고 있으며 갈수록 빈번해졌다. 학생들에게 엄격한 교사들이 교원 평가라는 미명 하에 인기투표의 표적이 되어 재연수라는 집단교육에 떠밀려가도, 수년째 교원 평가 재연수가 반복되는데도, 고위층 관료 누구 하나 나서서 개선하지 않는다. 교사들은 버려지고 아이들이 방치되는 교단에 희망은 없다. 국정과제 속에는 이러한 현상을 더 심화시킬 요소가 담겨있다.

대학 등록금 반값 실현은 소득 하위 80%를 국가 장학금과 저리 대출로 지원하여 실질적인 반값 등록금의 효과를 가져오겠다는 발상이다. 수천억 원 대에 불과한 국가장학금은 연간 7조원에 달하는 대학 등록금의 지원에는 턱없이 모자랄 것이고, 대출은 금융

기관이 단기적으로 협조하되 정부정책이 약화되거나 장기적으로는 유지하기는 어려울 것이다. 이에 관한 구체적인 방안과 예산지출 계획은 없다. 만약 7조 원 가량의 대학 교직원의 인건비를 사립 초중고처럼 정부가 부담한다면 정부가 대학등록금을 당장 반값으로 내릴 수 있다. 장기적으로 이렇게 하는 것이 대학 교육의 민주화, 교수집단의 자율화를 초래하여 학문의 발전에도 긍정적인 결과를 가져올 것이다.

위와 같이 교육정책을 분석하고 문제점을 도출해 보았다. 전체적인 항목의 분위기는 다음과 같은 특징으로 나타난다.

첫째, 관료적 관점으로 교육의 문제를 바라보고 행정실무적인 측면에서 해결점을 제시하고 있다.

교육의 문제를 학교 구성원의 행복과 자율, 사회적인 변화에 따른 개혁에 기준하기보다는 현행의 문제를 행정적으로 보완하려는 성격을 갖고 있다.

둘째, 과거 회귀형 처방책을 제시하고 있다.

교과서적 발상과 획일화를 꾀하고 있다. 교사의 능력을 제한하고 학생의 창의력을 감소시키는 교육과정, 교원 평가, 승진양성제도의 개혁은 외면한 채 정부는 프로그램을 개발하여 보급하고 현장의 교사가 잘하면 된다는 생각을 노골적으로 드러내고 있다. 하다

못해 학교장의 경영 컨설팅 지원 같은 공약도 없다.

 학생들이 교과서만 달달 외우면 사교육비도 줄어들고 입시도 정상화되며 창의성도 늘어날 것이라는 과거형 옛 노래를 틀어대고 있다.

셋째, 보수적이고 방어적인 체제를 선호하고 있다.

여전히 근평과 교원평가를 유지하고, 대학제도 개혁은 유보하고 있으며, 학교폭력은 안전Safety 위주의 사후 대책만을 제시하고 있다. 교육과정은 과거로 후퇴하여 교과서 안에 갇혔다. 박근혜 공약을 입안하고 이후 인수위를 거쳐 청와대와 교육부에 입성한 교육계 인사들의 성향도 매우 주목할 부분이다.

서울사대 교육학과 인맥으로 분류되는 청와대 교육비서관 김재춘 교수와 서울시 교육감 문용린 교수의 시대가 온 것이다. 또한 이들의 뒷받침을 받으며 등장한 서남수 교육부 장관은 서울대 철학과 출신이지만 동국대 박부권 교수(서울대 교육학과 출신)에게 동국대 교육학과에서 교육학박사 학위를 받은 '서울대 교육학과의 인척'인 셈이다.

대체로 정부의 교육정책은 보수적이고 방어적인 체제를 선호하고 있다. 여전히 근평과 교원 평가를 유지하고, 대학제도 개혁은 유보하고 있으며, 학교폭력은 안전Safety 위주의 사후 대책만을 제시한다. 교육과정은 과거로 후퇴하여 교과서 안에 갇혔다. 어차피 짧은 대통령 임기 5년 안에 개혁을 한다고 국민을 피곤하게 할 바에는 기존의 것을 손질하여 사용하고, 새로운 것으로 혼란을 초래하기보다는 읽고 쓰고 외우는 7,80년대 정부 주도 교육정책으로 학생들을 공부를 시키자는 의도마저 엿보인다. 그래도 '보수로의 회귀'란 교육정책 코드가 아이들을 행복하게 해 주었으면 좋겠다.

05

지역사회 맞춤으로
학생을 행복하게

교육청이 시끄럽다. 예전에는 교육청이 교육감의 비리로 얼룩져서 유명세를 타더니 요즘은 교육부와 대립하면서 하루도 편할 날이 없다.

학부모는 말이 없고 교사들은 마름처럼 묵묵히 일하지만 교육부와 교육청을 보는 시각이 곱지 않다. 그들에게 교육부는 현장에서 너무 멀리 떨어진 관심 밖의 영역이고, 우선 눈에 밟히는 것은 교육청이다. 교육청은 원망과 탄식의 대상이다. 왜 존재해야 하는지 이유를 모른다. 없어졌으면 좋겠다는 의견이 팽배하다.

왜 교육청 폐지인가? 교육주의가 갖는 한계와 학습주의가 갖는 편향성을 극복하고 교육현장의 갈등을 해소하면서 올바른 학교혁신을 이루기 위해서는 교육에서의 리더십이 필요하고, 이를 위한 교육시스템의 혁신이 요구된다. 나는 그 해법을 '교육청 폐지'와

'단위학교 중심 교육시스템'에서 찾고 싶다. 먼저 현재의 교육청이 갖고 있는 문제점을 헤아려보자.

교육청은 단순히 학교교육을 행·재정적으로 배분하기 위한 중앙정부의 연락사무소가 아니다. 지방자치에 기반을 둔 교육 자치를 실현하는 곳이다. 그러나 그동안 교육청은 국민교육 서비스 기능보다는 교원 인사와 재정을 배분하는 협소한 기능에 치중하여 '책임은 지지 않고 권리만 행사'하는 관료주의 온상으로 세간의 눈총을 받아온 바 있다.

시도교육청은 500여 명씩 근무하면서 중앙정부에서 배분하는 예산을 지역교육청에 내려 보내고 민감한 문제들은 '학교가 책임지라'는 태도로 일관하며 공문만 찍어대는 '공문 공장'의 역할에 충실했다. 지역실정에 맞는 교육정책을 고민하며 단위학교를 지원하기보다는 하루 종일 앉아서 연구시범학교나 챙기고 승진점수나 따고, 교육감의 목적사업에 따른 예산을 어느 교장에게 배정해야 할지 궁리나 하고 앉아있다.

진보 교육감 또한 귀족학교로 비난받는 자사고나 특목고처럼 별도의 혁신학교를 만들어서 특정한 세력과 특정한 학교만 차별화시키는 '분리정책'을 구사하였다. 이는 혁신학교는 부피와 정도의 차이가 있을 뿐이지 일반학교에 비하면 사실상 '새끼 귀족학교'을 운영한 셈이다. 평등교육을 선언하면서 '불평등한 교육체제'를 운영하고 있는 것이다. 이것은 어떤 변명을 한들 학교와 학교를 분리하고 학생들과 학생들을 차별하는 것이다.

진보교육감들이 교사의 행정업무 겸직 금지, 학생회 자치기구 인정 등을 조례로 제정하여 모든 학교의 혁신을 꾀했더라면 그 실효성을 떠나 전체 교사와 학생에게 박수를 받았을 것이다. 아무리 취지가 좋아도 나누고 가르고 차별하는 것은 참으로 나쁜 것이다.

둘째, 교육력과 무관한 기관이다.

교육청은 학교장 승진 전보에 따른 인사 비리, 학교 급식 납품 비리 등 교육부패의 배후세력으로 지목받는 처지에 놓여있다. 특히 지역교육청은 지역주민의 교육적 요구에 부응하지 못할뿐더러 오랫동안 학생과 교사의 교육활동과 유리된 기관이라는 지적을 받아오고 있다. 교육장의 특색사업을 빼놓고는 새롭고 창의적인 교육정책을 수립하지도 못하고 교육부와 시도교육청에 밀려서 '배분기능'만 작동하는 행정기관이 되었다.

교육지원청은 교육부와 시도교육청의 업무와 90%이상 중첩이 되는 일을 반복해서 전달하는 역할만 하고 있기 때문에 당장 폐지되어도 교육 행정엔 큰 무리가 따르지 않는다. 더욱이 교육지원청은 초·중학교의 교원전보내신과 예산 배분, 승진 트랙의 기능을 빼면 교육력과도 무관하다는 점에서 지역주민들의 교육적 필요 요구와도 거리가 멀다.

셋째, 교육청은 교원 승진경쟁의 도구로 전락했다.

교육청은 교원승진경쟁의 정거장으로 변질되었다. 평교사가 교감으로 승진하고, 교감이 교장으로 승진하고, 교장이 물 좋은 학교로 전보되기 위해서 교육청 근무를 희망한다. 교육청은 승진 대기자인 교육전문직이 교원과 학교의 평가를 전담하면서 교육활동의 피드백보다는 친목회처럼 집단의 이익을 독과점하는 체제로 고착화되었다는 지적을 받고 있다.

교육선진국의 교육자치는 지방자치의 오랜 경험을 통해서 구축되었다.

미국은 주요한 교육정책 및 행정의 권한이 주정부에 있기 때문에 주정부가 책임을 지고 교육위원회를 구성하여 운영하고 있다. 우리나라의 지역교육청에 해당하는 교육구school district는 자체적으로 조세징수, 행정법 제청 등 실질적인 지방자치단체의 성격을 갖고 있다. 교원과 교육공무원의 채용, 교육과정의 수립을 정부입법 형태로 제출하여 시행할 수 있는 권한도 주어져 있다.

영국의 교육청Local Education Authority : LEA은 지방의회의 분과 형태로서 역시 지자체의 집행기구 성격을 지닌다. 미국과 달리 상당 부분 교육의 행·재정 권한을 단위학교 학교운영위원회에 이관하여 운영하고 있다. 교사의 신분은 별정직 '학교 공무원'이다. 일본은 교육자치가 지방자치의 일환으로 이루어지고 있으며 교육청이 지방의회의 교육정책 사무국으로 기능한다. 교사는 '지방공무원' 이다.

이와 같은 사례에서 얻을 수 있는 교훈은 분명하다.

교육자치가 교육 관료의 자치로 변질되어 단위학교의 자율성을 저해하는 우리나라의 교육청 형태와 다르게 외국의 교육행정은 철저하게 단위학교의 교육 자치를 지원하고, 지자체의 성격을 반영하여 최대한 지역사회의 교육적 욕구를 수렴하는 시스템을 가동시키고 있다는 점이다.

조세 징수, 조례 제·개정 제청권 등 자치의 기능을 발휘할 수 있다. 그에 비추어 보면 한국의 교육청은 독립 행정기관의 위상을 갖고 있지만 자치 기능은 별로 없고 단순히 주어진 예산과 인력을 집행하는 집행기관의 성격만 갖고 있다. 조례 제정조차 지자체 의회에 의존하기 때문에 별도의 자치기구일뿐 실제적인 자치권은 보장받지 못한다.

교육지원청은 폐지하고 시도교육청은 대대적인 개편을 시도해 보자. 이를 위한 전제 조건으로 현재의 일반직과 교육전문직, 교원의 신분 변화를 모색해야 한다. 법률을 개정하여 교육청에 근무하는 일반직과 교육전문직은 별정직 '지방공무원'으로 일원화하고(현재 그렇게 추진되고 있다), 학교현장의 교직원은 별정직 '학교

공무원'으로 재편해야 한다.

이렇게 하면 일반직과 교육전문직이 교육청과 학교를 오가는 교류가 단절된다. 특히 교육전문직을 현장 교사와 교수 중심의 겸임 장학·연구사로 재편할 경우 소수의 지방공무원 장학사 및 법률, 국제, 특수, 보건 장학직만 교육청에 남아 '정책수립', '감사와 조정'의 기능에 전념할 수 있다. 미국과 영국 등 서구 OECD국가 형태의 교육전문직 제도의 준용이다.

첫째, 교직원은 '단위학교에서 공모'하여 채용하고 신분은 '학교공무원'으로 하면 법률에 의해 신분을 보장받기 때문에 실질적으로는 현재의 국가 및 지방 공무원의 신분과 큰 차이가 없다.
당연히 현재의 전보내신제와 교장·교감 자격증제는 자동 폐지될 것이다. 교원이란 명칭은 선진국처럼 일원화하여 '교사Teacher'로 바뀐다. 그에 따라 교사평가는 단위학교별로 종합인사기록제도를 도입하고, 학교평가는 교육청과 단위학교에서 컨설팅을 받으면 된다.

둘째, 지역사회 맞춤형 교육체계를 수립할 수 있다.
지역교육청이 폐지되고 시도교육청을 대폭 개편하여 단위학교의 자치를 보장하면 지역사회의 학생들에게 맞는 생활주기 맞춤형 교육행정을 펼칠 수 있다.

셋째, 재정 및 인력을 절감할 수 있다.

행·재정적인 측면에서는 표준교육 조건을 설정하고 그에 필요한 최소 필수의 교육비 소요 판단에 근거한 재정 배분의 표준공식화를 마련할 수 있다. 교육행정직과 교육전문직을 단위학교로 재배치함으로 인한 교육재정 절감(매년 3,490억 원), 180개 시군구 단위 교육청의 경상운영비 6,817억 원 절감, 행정처리 간소화로 인한 소요시간 및 소요비용 매년 1,950억 원 절감, 부지매각을 포함하여 총 6조 4,370억 원을 절감할 수 있다. 또한 학교 행정직원 증원으로 행정직원 1인당 교사 지원수가 7.04명에서 6.35명으로 감소할 수 있다.

시도 교육청 재편과 교육지원청 폐지, 일반직과 교육전문직 및 교직원의 신분 변화를 이룬다면 공무원은 좀 불편할지 모르겠으나 교육 업무는 더욱 전문화되고, 학생들을 더욱 행복하게 하는 선진국형 교육청으로 거듭나게 될 것이다.

장관이 펼친 정책에 따라 국민 전체의 의식이 바뀌고 영향을 받는 제도개혁, 미래를 겨냥하여 장기적인 국가 교육계획을 수립하는 일, 혹은 대통령을 대신하여 중도하차하고 불행을 끌어안았던 사건, 교육민주화의 초석을 다지는 일, 이와 같은 여러 사건과 정책을 기준으로 하여 54명의 교육부장관을 평가하고자 한다.

교육부장관
그들은 누구인가?

이승만 정부 때부터 박근혜 정부에 이르기까지 여러 번 그 이름이 바뀐 부처, 교육 분야를 책임지고 있었던 역대 장관들을 살펴보자. 이 교육 분야는 대통령의 통치철학에 의해 부서명이 달리 호칭되었는데, 문교부 30명, 교육부 12명, 교육인적자원부 8명, 교육과학기술부 3명의 장관이 53대에 걸쳐 업무를 수행했다. 현재는 54대 교육부 장관이 재임하고 있다.

교육부장관은 자신을 임명한 대통령에 따라 울고 웃었다. 대통령중심제 국가에서 교육부장관이 당대의 교육을 모두 책임질 일은 아닐지라도 장관의 생각과 능력에 따라 대통령과 국회를 움직일 수 있다는 점을 감안하면 장관의 책임은 결코 작지 않았다.

교육부 장관, 그들의 업적과 명암은 정권의 성격을 반영하고 있고, 대통령들의 정치적 성향에서 지극히 자유롭지 못하다. 그러나 대통령의 임명을 받는다 해도 장관은 최고위 관료이고 국민의 공적 기관이다. 그러므로 그 속에서 오롯이 드러나는 것은 장관들 자신의 정체성identity이고, 그 정체성이 스스로의 운명을 결정짓는 최대의 변수라고 할 수 있다. 머뭇거리며 제도개혁을 이룬 장관은 드물지만, 국민적 제도개혁을 이룬 장관들은 이름을 남겼다. 반면에 대통령보다 한 발 더 앞서서 이데올로기에 충실하고 학교현장을 어지럽혔던 장관들은 후세에 오명汚名을 남겼다.

장관이 펼친 정책에 따라 국민 전체의 의식이 바뀌고 영향을 받는 제도개혁, 미래를 겨냥하여 장기적인 국가 교육계획을 수립하는 일, 혹은 대통령을 대신하여 중도하차하고 불행을 끌어안았던 사건, 교육민주화의 초석을 다지는 일, 이와 같은 여러 사건과 정책을 기준으로 하여 54명의 교육부장관을 평가하고자 한다.

참고로 교육부장관들의 출신대학은 서울대 27(육사1명, 교토대 1명, 규슈대 1명 兼서울대 졸업 포함)명, 일본의 대학 11명(와세다 4, 도쿄2, 규슈1, 도시샤1, 메이지1, 주오1, 히로시마고등사범1), 연세대 6명, 미국의 대학 4명(코넬1, 파크1, 웨슬리언1, 위스콘신1), 이화여대 2명, 그 밖에 영남대, 한신대, 중국 퉁지대, 파리대에서 각기 1명씩 배출되었다. 이 글을 통하여 독자들이 한국 근대사에 나타난 교육정책의 흐름과 방향을 이해하는데 도움이 되었으면 좋겠다.

1~3대 대통령 _이승만 정부의 문교부 (1948. 07. ~ 1960. 04.)

1대. 안호상 (1948. 08. 03. ~ 1950. 05. 03. 이하 재임기간)

이승만의 예조판서. 철학 박사로 초대 문교부장관으로 임명되었다. 교육법을 제정하고 교육이념을 홍익인간으로 정리했다. 아울러 교육정책은 일민주의로 못 박았는데, 일민주의의 정의는 '남녀, 상하차별 없는 민주주의 교육'이다. 일민주의는 박정희 대통령 시대에 이르러 국민교육헌장으로 승화되었고, 이후 교육부 장관들이 대통령의 통치 이데올로기를 국민교육으로 승화시키는 계기로 작용하였다.

2대. 백낙준 (1950. 05. 04. ~ 1952. 10. 29.)

건국공신과 친일파라는 평가를 받음. 6.25 전쟁 중 전시내각에 참여했으며 1956년 대한교육연합회장에 선임되었고, 4.19 혁명 이후 참의원장을 지냈다. 백낙준은 2008년 민족문제연구소가 친일인명사전 수록예정자 명단에서 교육, 학술 부문에 선정했으나 '한국사 시민강좌' 43호는 대한민국 건국 60주년 특집에서 건국의 기초를 다진 32명 중, 교육 학술 부문의 한 사람으로 선정했다.

3대. 김법린 (1952. 10. 30. ~ 1954. 04. 20.)

스님 출신, 독립 운동가이자 이승만의 동지. 2대 백낙준 장관과 함께 1945년부터 1948년까지 3년간 미군정청 과도기에 시행한 교육정책의 맥락을 살리는 데 힘썼다. 미군정 과도기의 교육정책은 '꾸짖지 않는 교육, 졸리지 않는 수업'이었다. 꾸짖지 않는다는 것은 언어폭력과 체벌을 하지 말라는 뜻이고, 졸리지 않는 수업은 교원의 자질과 학습 지도 기술을 겨냥한 것이다.

4대. 이선근(1954. 04. 21. ~ 1956. 06. 07.)

주체적 민족사관의 창출. 이승만 대통령이 세종대왕의 뜻을 재천명한 것이라며 '표기법 간사화안'을 발표했다. 국어학계가 반발하면서 논란이 계속되자 결국 대통령이 "민중이 원하는 대로 하도록 자유에 부치고자 한다."는 담화문을 발표해 사태가 일단락됐다. 1930년대 친일어용조직인 만주협화회에 참여하였으나 친일인명사전에 등재되지는 않았다. 오히려 건국준비위원, 대동청년단장 등을 지내며 독립운동을 전개한 인물로 소개되기도 하였다.

5대. 최규남(1956. 06. 08. ~ 1957. 11. 26.)

최초의 과학(물리학)출신 문교부장관. 교육 및 행정에 탁월한 능력을 발휘하여 1948년 문교부 과학교육국장, 1950년 문교부 차관, 1951년 서울대학교 총장에 임명되었다. 1952년 대한교육연합회 회장, 1956년 문교부장관으로 취임했다. 1981년 한국과학기술원 고문 등을 맡아보면서 한국과학기술 진흥에 큰 힘을 쏟았다.

6대. 최재유(1957. 11. 27. ~ 1960. 04. 27.)

도덕·실업교육의 추진 & 4.19의거 허위보고 시비. 문교부 장관 시절 의무교육과 과학, 기술 교육을 적극적으로 추진하고, 도의교육 즉, 도덕교육을 정규교육으로 정착시켰다. 이어서 1957년부터는 도의교과서를 도입하고 실업교육 진흥법안을 통과시켰다. 그러나 4.19 의거로 이승만 대통령이 하야할 때 거짓 정보를 전달하여 대통령을 잘못 보좌했다는 평가를 받았다.

 함께 그러나 다르게, 동료효과

7대. 이병도(1960. 04. 28. ~ 1960. 08. 22. 허정 과도내각에 의해 임명)

일제 식민사학의 시조 논란. 이병도는 문교부장관으로서가 아니라 식민사학의 근원적 시조로 우리 사회에 각인되었다. 그는 일제하 조선사편수회에서 일한 경력으로 인해 식민사학의 영향을 받았다는 평가를 받으며, '이병도사관'이란 명칭이 쓰인 것은 이병도가 우리나라 국사학계의 독보적인 존재로 인정받던 1970년대 중반부터였다.

4대 대통령 _윤보선 정부의 문교부 (1960. 08. ~ 1962. 03.)

8대. 오천석(1960. 08. 23. ~ 1961. 05. 02.)

ROTC와 국대안 시행, 교원노조 불법화. 47개 대학에 ROTC 제도를 도입했고, 체육활동을 장려하여 해마다 각 급 학교 교사와 학생의 신체검사를 의무화했다. 학기의 시작을 3월로 변경하여 고정했고, 미군정청 학무국 부국장을 지내며 교육세법 정비와 교육과정심의회의 기능을 강화하여 선진국형 교육체제를 확립했다. 그러나 그는 교원노조를 불법단체로 규정하여 교육민주화의 싹을 자르기도 했다.

9대. 윤택중(1961. 05. 03. ~ 1961. 05. 19)

광주학생운동기념일을 '학생의 날'로 제정. 윤택중은 임명되기 전 제 10대 문교부 정무차관을 지냈다. 당시 문교부는 일본처럼 정무, 사무차관을 뒀다. 그러나 윤 장관은 17일간 머물다 군사정변으로 밀려났다. 그는 2, 3, 5대 국회의원을 역임했으며 2대 의원시절 1929년에 있었던 광주학생 독립운동기념일을 '학생의 날'로 제정했다.

윤보선 재임기 & 박정희 군사정권 시기

10대. 문희석(1961. 05. 20. ~ 1962. 01. 08.)

교원노조에게 용공세력 누명 씌우다. 군부 출신으로 문교부에 무혈 입성, 각 급 학교 교육에 '혁명공약' 정신을 주입하기 바빴다. 초등학교 학구제를 실시하고 학사자격 고시령을 발표하였으며 학교정비 기준령을 공포했다. 교육자치제를 폐지하고 문교부 간부 중 카바레 출입전력이 있는 사람은 가차 없이 파면했다. 1961년 6월 8일 "교원노조가 민주당 정부를 전복하고 대한민국을 공산화 하려던 음모가 발각됐다"는 허위사실을 발표하여 교원노조를 극심하게 탄압하고 교육민주화를 말살했다.

11대. 김상협(1962. 01. 09. ~ 1962. 10. 14.)

양지 좋은, 따뜻한 자리에서 마른 땅만 밟아 온 사람. 고려대 총장으로 있다 기용된 학자 출신이었다. 2년여 임기 동안 김 장관은 문교부 회계로 처리할 일도 자신의 사비로 해결하며 문교부 예산에서 판공비를 축내는 일이 없었다. 군사정권 총리로서 국회에서는 방탄직, 행정부에서는 사회직, 국민에겐 전두환의 담화문 대독직으로 1년 3개월의 임기를 보냈다는 평이 있다.

12대. 박일경(1962. 10. 15. ~ 1963. 10. 15.)

일본의 고등문관 사법과, 서울대 출신. 변호사 출신으로 5개월 재임했으나 교육공무원 정년을 65세로 조정하고, 미군정 이후 폐지되었던 일제日帝 잔재인 교감제도를 부활시켰다. 여교사 분만휴가 실시, 초등학교 운영회 설치, 대학 교직과 도입 등 교원정책의 기반을 다지기도 했다. 그를 둘러싸고 오늘날까지도 일제의 하수인으로 일했다는 반민족주의자 시비가 끊이지 않고 있다.

5~9대 대통령 _박정희 정부의 문교부 (1963. 12 ~ 1979. 10.)

13대. 이종우 (1962. 10. 15. ~ 1963. 03. 15.)

박정희 정부 초대 문교부장관. 일본 교토제국대 출신으로 고려대 교수, 고려대 총장, 전국구 의원을 지냈다. 박정희 정부의 초대 문교부장관 재임 시 사립학교법을 공포했다.

14대. 고광만 (1963. 12. 17. ~ 1964. 05. 10.)

조선총독부 시학관 출신. 박정희 정권의 문교부차관을 거쳐 문교부장관에 올랐다. 부산대총장을 역임했다. 재임 시 학생체능검사를 도입하고 교육자치제 운영에 관한 강령을 채택했으나 장관 4개월여 만에 경질되었다.

15대. 윤천주 (1964. 05. 11. ~ 1965. 08. 26.)

박정희 정권의 이론가였지만 3선 개헌은 반대. 재임 시 교원 승급 기간을 단축하고, 잡부금 징수를 강력하게 단속하였으며, 조기 방학제를 실시했다. 1965년 3월 전남 완도의 섬마을 학교에서 교사가 순직하자 대책수립에 적극 나서 현행 도서벽지교육진흥법을 제정했다. 5.16 군사 쿠데타 이후 박정희 정권의 이론적 토대를 제공하고 현실 정치에도 직접 참여하였으나 1971년의 3선 개헌에 반대하면서 정계를 떠났다.

16대. 권오병(1965. 08. 27. ~ 1966. 09. 25.)

친일 논란, 국회의 탄핵소추로 해임. 중학교 무시험 진학제도와 대입자격 학력고사를 실시했다. 제 18대 장관으로 재임용됐지만 국회에서 해임건의안이 통과되어 물러났다. 국민교육헌장안을 제정했다. 교육공무원 동일 호봉제를 실시한 것은 교육의 전문성과 교원의 평등성을 위해서는 나름의 성과였으나 대학의 정원 초과 시 총·학장 승인 취소방침을 결정하여 대학의 자율권을 위축시켰다는 평가를 받는다.

17대. 문홍주(1966. 09. 26. ~ 1968. 05. 20.)

별 일없이 임기를 보낸 장관. 부산대 법대 교수 출신으로 '공부하는 학원, 연구하는 교수'를 캐치프레이즈로 내걸었다. 문교부장관 재임 시 사립교원 퇴직 보험 제도를 마련했다.

18대. 권오병(1968. 05. 21. ~ 1969. 04. 10.)

친일 논란. 일본 와세다 대학을 졸업하고 1943년 일제의 고등문관시험 사법과에 합격했다. 박정희 정권에 의해 문교부장관에 재임용되었다. 박정희 대통령의 지시로 중학교 무시험 입학제를 도입하고, 국민교육헌장을 선포하였다.

19대. 홍종철(1969. 04. 11. ~ 1971. 06. 03.)

육사출신의 문교부장관, 고교에 군사교육 도입. 박정희 대통령이 가장 신임하는 청렴 장관으로 교육계 부패 관료들에겐 공포의 대상이었다. 고교와 대학의 군사교육을 실시하고 교육대학의 학비를 면제해 주었으며, 주임 교사제를 도입했다. 그밖에 초, 중, 고 교과서

한글판 제작과 학생건강기록부 비치 등의 교육정책을 추진했다.

20대. 민관식(1971. 06. 04. ~ 1974. 09. 17.)

고교 평준화 도입, 박정희의 복심. 박정희 시대를 대표하는 문교부장관이었다. 1974년 고교 무시험입학제를 단행했다. 명문중학교에 진학하려는 망국적 입시교육에 파열구를 낸 평준화는 근대국가의 교육체제로 진입하는 중요한 교육시책이 되었다. 나름대로 초, 중학교 교육의 정상화가 이루어졌다. 당시 교육정상화의 의미는 독재정권의 교육체제 연장을 의미하는 것이었지만 지독한 입시열풍은 잠재울 수 있었다.

21대. 유기춘(1974. 09. 18. ~ 1976. 12. 03.)

반공안보교육 강화. 권오병 장관이 추진한 대학교 학도호국단을 창설했다. 문교부장관 재임 시 학교로 하여금 반공안보교육과 군사교육을 강화하도록 지시했고, 1975년 5월 20일 전국대학총학장회의에서 "고등교육의 체제를 국가안보의 차원으로 바꿔야 한다."고 일면 면학, 일면 국방을 강조해 논란을 초래했다.

22대. 황산덕(1976. 12. 04. ~ 1977. 12. 19.)

친일 논란, 초등학교 교과서 무상지급. 법무부 장관에서 문교부장관으로 임명된 법학자였다. "교육은 한 번 잘못되면 100년 후퇴하고 회복도 어렵다"고 강조했다. 초등학교 교과서 무상지급과 예비고사 합격제 폐지, 고교 우열반 폐지 등을 실시하였다. 일본 고등문관 사법과, 일본 고등문관 행정과를 합격한 경력이 있어서 친일 시비가 끊이지 않았다.

23대. 박찬현(1977. 12. 20. ~ 1979. 12. 13.)

유신정권 마지막 문교부장관. 제헌국회의원 출신으로 외교관을 역임했다. 장관에 취임하자마자 문교부 출입기자들을 유럽의 여러 나라에 보내 앞서가는 나라의 교육을 시찰하고, 좋은 점을 우리나라 교육현장에 전파하라고 부탁했다. 전문대학 입시 필답고사 폐지, 대입 예비고사 실시, 고교의 내신 성적 절대 평가제 도입, 초등학교 운동회 의무 실시 등 교육정책을 펼쳤다.

최규하 정부 _문교부 (1979. 12. ~ 1980. 08.)

24대. 김옥길(1979. 12. 14. ~ 1980. 05. 21.)

교육민주화의 큰 방향을 제시. 박정희 대통령 서거 이후 약 6개월의 짧은 기간 동안 문교부장관을 역임했다. 취임 직후 '교복 자율화'를 시행했으며 해직교수 복직에 힘썼고 학원 자율화 등 교육민주화의 큰 그림을 그렸다. 김옥길은 특히 제2의 군사정권기가 시작되는 전두환 시절, 민주적인 발언을 통해 소신있는 장관의 모습을 국민들에게 보여주었다.

11~12대 대통령 _전두환 정부의 문교부 (1980. 09 ~1988. 02)

25대. 이규호(1980. 05. 22. ~ 1983. 10. 14.)

역대 교육장관 중, 재임 기간이 3년 5개월로 최장기였다. 재직 중 '7.30 과외금지조치'를 주도하여 신군부의 이념을 교육정책에 반영했다. 대학입학 학력고사를 실시했으며 '두발자율화'를 내걸고 중고생의 머리를 귀밑 3cm 이상 5cm까지 허용했다. 교복 자율화를 실시하였고 특히 성교육 실시, 졸업정원제 탈락률 자율화, 고교 우열반 편성 허용, 대학의 복수지원 허용, 사립대학 등록금 자율화 등의 교육정책을 추진하였다.

26대. 권이혁(1983. 10. 15. ~ 1985. 02. 18.)

의학박사 출신 장관. 의료계 출신으로 서울대를 졸업하고 의학박사로서 서울대 총장, 교원대 총장, 보건사회부장관 등을 지냈다. 문교부장관 재임 시에는 초등학교 교사 봉급 단일호봉제를 실시하였다.

27대. 손제석(1985. 02. 19. ~ 1987. 07. 13.)

학원안정법 파동의 조역. 서울대 교수에서 청와대 교육수석비서관으로 발탁 기용됐다가 장관에 임용되었다. 학원안정법 파동의 조역이었으며, 교육정책으로 대학생 정치 참여 불허, 초등학교 교과전담교사제 도입, 외래어표기법 개정 등을 수행했다. 이 당시부터 대학의 학칙에 대학생의 정치참여 불허가 본격적으로 등장하기 시작했다.

28대. 서명원(1987. 07. 14. ~ 1988. 02. 24)

전두환 군사정권 마지막 문교부장관. 윤보선 대통령 재임 시 문교부 사무차관을 지냈으며, 국가보위입법회의 의원을 지냈다. 서울대 부총장 시절 장관으로 임명되었다. 5·16 이후 대학으로 돌아갔다가 전두환 대통령 정권인 제5공화국의 마지막 문교부 장관으로 재직하다가 퇴임하였다.

13대 대통령 _노태우 정부의 문교부 & 교육부 (1988. 02. ~ 1993. 02.)

29대. 김영식 (1988. 02. 25. ~ 1988. 12. 04.)

노태우의 첫 문교부장관. 노태우 대통령이 취임하면서 첫 조각組
閣을 할 때 지역별 안배 차원에서 제주도 출신을 찾다가 교육개
발원장이던 그를 문교부장관으로 기용했다는 후문이다. 문교부
장관 재임 시, 사립학교장 임명 승인 취소권을 폐지하여 사립의 자
율권을 보장하였다. 또한 국·사립 대학교 등록금 자율화와 중등
학교 보충수업에 외부 인사 수업 허용 등의 교육정책을 주도했다.

30대. 정원식 (1988. 12. 05. ~ 1990. 12. 26.)

하얀 삐에로. 전교조 관련자 강력처벌의 여파로 후일 국무총리
서리에 임명되었을 때 한국외국어대학교에서 마지막 강의를 하
던 중 대학생들로부터 계란과 밀가루, 짱돌 세례를 받고 '하얀 삐
에로'가 되어 화제가 되었다. '학교교육과정'을 마련해서 학교마
다 학생·지역실정에 맞게 교육하고 운영하는 계기를 마련했다.
문교부장관 재임 시 교육정책으로 대학생 과외 전면 허용, 고교
생활기록부 대입 반영 등이 있다.

31대. 윤형섭 (1990. 12. 27. ~ 1992. 01. 22.)

문교부장관을 교육부장관으로 개칭. 윤형섭은 노 정권이 전교조
문제로 머리를 싸매고 있을 때 '교사 3불론'을 발표해 환심을 샀
다. 교육부장관 재임 시 고교의 특활·행동발달·학내외 봉사활
동을 절대평가내신제로 전환하였고, 중학교 선택교과제 도입, 사
립학교 교원의 퇴직수당제 도입, 고교 이수과목 축소 등의 정책

을 적용했다. 그러나 결국 대입학력고사문제지 도난사건의 책임
을 지고 자진 사퇴하였다.

32대. 조완규(1992. 01. 23. ~ 1993. 02. 25.)

군사정부 마지막 교육부장관. 전형적인 학자 출신으로 교육부장
관 재임 시 육성회 도입, 중·고교 순회교사제와 학생 해외여행
신고 의무화, 외국어고 이과반 설치 금지 등의 정책을 적용하였다.

14대 대통령 _김영삼 정부의 교육부 (1993. 02. ~ 1998. 02.)

33대. 오병문(1993. 02. 26. ~ 1993. 12. 21.)

전교조 해직교사 복직 허용. 해직교수 출신으로 교수 직선제를
통해 총장이 됐다가 장관자리에 올랐다. 김영삼 대통령의 의지를
이어받아 전교조 해직교사를 복직시키는 일부터 시작했다. 교육
부장관 재임 시 고교 우열반 편성 금지, 대입내신 15등급 확정, 유
치원·초·중학생 국·영·수 과외 금지 등의 정책을 추진하였다.

34대. 김숙희(1993. 12. 22. ~ 1995. 05. 12.)

식품영양학과 출신 교육부장관. 교육부 역사상 두 번째 여성 장
관이다. 장관 재임 초기에 직무가 무엇인지를 제대로 이해하지
못해 업무를 제대로 추진하지 못했다고 공무원들은 평했다. 베트
남전 용병 발언 파문으로 물러났으나 재임기간은 17개월로 평균
수준을 넘어섰다. 교육부장관 재임 시 대학원대학교, 장애인 대
입 특례입학, 대입 수능고사 1회 제한 등의 정책을 적용하였다.

35대. **박영식**(1995. 05. 16. ~ 1995. 12. 20.)

5.31 교육개혁안 수립. 김영삼은 전 연세대 총장을 교육부 장관에 임명하여 5.31 교육개혁을 실천하고자 하는 의지를 표명했다. 교육부장관 재임 시 5.31 교육개혁안 완성, 국민학교를 초등학교로 개칭하였고, 대입본고사 폐지 등의 정책을 펼쳤다.

36대. **안병영**(1995. 12. 21. ~ 1997. 08. 05.)

행정학자 출신 교육부장관. 시 · 도교육청 평가를 실시하였고, 학교에 컴퓨터를 보급하였으며, 초등학교에 급식을 실시하였다. 안병영의 경우 공적 일과 사적 일을 엄격히 구분하려고 하였다. 신속하고 정확하게 업무를 파악하였다. 문제가 생겼을 때 열정을 가지고 업무를 추진해 구체적 실행방안까지 강구했다는 점에 대해 공무원들은 높이 평가한다.

37대. **이명현**(1997. 08. 06. ~ 1998. 03. 02.)

5.31 교육개혁의 주역. 김영삼 정부의 마지막 교육부 수장이다. 미국 명문대학 교수 출신으로 학력 경쟁력을 강조했다. 장관으로서 보다 한국 최초의 교육정책 종합방안인 5.31 교육개혁을 주도한 인물로 더 널리 알려져 있다. 당시 최충옥 경기대 교수를 수석전문위원으로, 이주호 교수 (후일 교육부장관) 등을 전문위원으로 임명하여 교육개혁의 청사진을 마련했다.

15대 대통령 _김대중 정부의 교육부 & 교육인적자원부

(1998. 02. ~ 2003 .02.)

38대. 이해찬(1998.03.02 ~ 1999.05.24.)

교원정년 단축, 이해찬 세대, 관료의 품에 안기다. IMF를 맞이하여 교원의 정년을 65세에서 62세로 단축하였고 교육비전 2002라는 국가교육계획 5개년 계획을 수립하였다. 2002년이 되면 열린교육과 '누구나 한 가지만 잘하면 대학을 갈 수 있다'는 장밋빛 전망을 7차 교육과정으로 제시했다. 이른 바 '이해찬 세대'를 만든 것이다. 후일 이해찬의 교육개혁을 아랑곳 하지 않고 학교는 여전히 국영수 입시교육에 미쳐 있었다. 첫 출발부터 교육 전문성이 부족했고, 그 때문에 관료에 의존하게 되었다.

39대. 김덕중(1999.05.24. ~ 2000.01.14.)

사학 전횡 방지 대책 강구. 대학이 제대로 된 연구를 할 수 있도록 지원해주겠다는 BK21이 주요 현안이었다. 그러나 "소수 대학만 지원해 대학의 서열화를 고착화시키고 수도권 편중 지원에 따른 지방 대학의 소외감을 심화시켜 교육을 황폐화시킨다." 며 전국의 대학들이 반발했다. 김덕중은 BK21 사업을 시행하며 교육부 실무진에 특정 사립대의 연구를 도와주라고 당부한 것이 일파만파로 번지면서 감사원 감사까지 받았다. 대학교무위원회와 공익이사제 등 사학의 전횡방지 대책, 학교운영위원회 설치, 대학원 중심대학 양성, 수행평가제도 실시 등 교육정책을 적용하였다.

40대. 문용린(2000.01.14.~2000.08.07)

관운이 억세게 좋은 사람. 서울대 교수를 거쳐 교육부장관을 역임하고, 2012년 서울시 교육감 보궐선거에서 당선되었다. 교육부장관 재임 시 대학의 자율화와 열린교육, 수능 전형 다양화를 추진했다. 7개월 남짓 짧은 임기 동안 유아교육의 공교육화를 위해 애썼다. 학업 성적만 강조하는 한국 교육의 문제에 의문을 제시하였다.

41대. 송자(2000.08.07.~2000.08.31.)

25일 만에 중도 사퇴한 장관. 연세대 총장, 명지대 총장을 지냈고, 교육부장관에 임명되어 이중국적 문제로 국회와 언론의 질타를 받고 25일 만에 사퇴했다.

42대. 이돈희(2000.08.31.~2001.01.29.)

중학교 무상교육 실시. 서울대를 졸업하고 서울대 교수, 한국교육개발원장, 민족사관고등학교 교장, 한국열린교육협의회 이사장을 역임했다. 교육부장관 임기는 5개월로 단명했다. 교육부장관 재임 시 중학교 무상교육을 도입했다.

43대. 한완상(2001.01.29.~2002.01.29.)

초대 부총리 겸 교육인적자원부 장관. 서울대를 졸업하고 초대 부총리 겸 교육인적자원부 장관, 상지대 총장, 한성대 총장, 통일부총리 대한적십자사 총재를 지내고 현재 (사)경기도 교육연구원 이사장을 맡고 있다. 이때부터 교육부 장관은 부총리를 겸직하게 됐다. 장관 재임 시 교원성과급 파동, 국영수 위주의 경쟁교육 체제 구축, 신자유주의 교육 추진 등을 통해 전교조와 마찰을 빚었다.

44대. **이상주**(2002. 01. 29. ~ 2003. 03. 06.)

관운이 좋아서 요직을 두루 섭렵한 사람. 서울대 교수, 강원대 총장, 울산대 총장, 교육문화 수석비서관, 대통령 비서실장, 한국정신문화연구원장을 지냈다. 이상주는 전두환 정권 때 청와대 교육수석을 지냈다. 국민의 정부 마지막 교육장관으로 전교조 등 진보단체의 활동에 마땅치 않다는 반응을 보여 관계가 매끄럽지 못했다. 장관 재임 시 중학교 무상의무교육을 전면으로 확대했다.

16대 대통령 _노무현 정부의 교육인적자원부 (2003. 02. ~ 2008. 02.)

45대. **윤덕홍**(2003. 03. 06. ~ 2003. 12. 24.)

보수와 진보 모두에게 버림받다. 장관 임명을 받고 그의 첫 인터뷰 일성은 '교육부를 해체하러 왔다'였고, 교육부 관료들은 벌벌 떨었다. 그러나 그에게 최대의 복병은 전교조와 보수언론이었다. 전교조는 마침 교찾사(교육과 노동을 찾는 사람들)라고 불리는 강성 집행부가 집권을 했고, 그들은 윤 장관 취임 첫날부터 'NEIS(교육행정정보시스템) 전면투쟁'을 선언하면서 장관 퇴출운동을 벌였다. 보수언론은 그 뒤를 물고 늘어졌다. 결국 그는 9개월 만에 꿈을 접어야 했다.

46대. **안병영**(2003. 12. 24. ~ 2005. 01. 04.)

36대 교육부장관에 이어 45대 교육인적자원부장관에 입각했다. 노무현 정부 들어 '4,000만이 교육부 장관'이라는 이야기가 나올 만큼, 교육부 구상 단계에 있는 것이라도 알려지면 정책으로 오보되거나 와전되어 백가쟁명百家爭鳴식 반응이 일었다. 연일 여론과 소모전을 치르다가 2005년 새해 벽두에 경질됐다. 안장관은 중등학교 교육과정과 대학입시 개혁에 관심이 많았다.

47대. 이기준(2005.01.04.~01.09.)

5일, 최단명 교육부장관. 서울대를 졸업하고 서울대 교수를 지냈다. 교육부장관에 임명되었지만 서울대 총장 재임 시 판공비 사용 내역 및 부동산 투기 의혹까지 불거져 여론의 뭇매를 맞았다. 도덕성 문제, 아들의 이중국적, 병역기피 의혹 등 각종 비리와 부정 의혹으로 5일 만에 사퇴했다.

48대. 김진표(2005.01.28.~2006.07.20.)

관료형 정치인 장관. 청와대 정책기획수석비서관, 경제부총리, 17~19대 국회의원을 지냈다. 경제인으로 교육부 수장을 맡아서 '대통령 자문 교육혁신위원회'를 이끌며 교장보직제 시범실시 결정 등 교육개혁을 추진했지만, 보수층과 교육부 관료의 저항에 부딪쳐서 교육혁신의 과제를 제대로 수행하지 못했다.

49대. 김병준(2006.07.21.~2006.08.08.)

노무현을 대신하여 유탄을 맞다. 노무현의 복심이자 정권 후반기 최고의 실세였기에 오히려 정적의 표적이 되었다. 그는 인사 청문회에서 논문표절로 막다른 골목에 몰렸고, 17일 만에 하차했다. 김 장관은 '자기표절'이라는 희한한 죄목으로 숙청당했다. 여야 국회의원들이 등을 돌렸고, 동료학자들도 부루터스의 칼이 되었다.

50대. 김신일(2006. 09. 20. ~ 2008. 02. 28.)

참여정부 마지막 교육인적자원부 장관. 서울대학교 사범대학과 대학원에서 교육학을 전공하고, 미국 피츠버그대학교에서 교육학 박사학위를 받았다. 그는 교육혁신위원회 위원을 지낼 때 노무현 대통령이 큰 관심을 갖고 추진한 교장보직제에 대해 반대하여 부결시키는데 한 몫을 했다. 그럼에도 불구하고 교육부장관으로 발탁되어 임기를 누렸다.

17대 대통령 _이명박 정부의 교육과학기술부 (2008. 02. ~ 2013. 02.)

51대. 김도연(2008. 02. 29. ~ 2008. 08. 06.)

실세에게 밀리고 관료들에게 물먹다가 경질 초래. 서울대 출신으로 이명박 정부의 초대 교육과학기술부(교과부)장관을 지냈다. 서울대 교수, 울산대 총장, 국가과학기술위원회 위원장을 지냈다. 교육정책은 실세로 알려진 이주호 대통령실 교육과학문화체육 수석비서관에게 맡기다시피 했다. 김도연은 교과부 간부들의 모교 국비지원과 관련해 논란을 겪은 후 5개월 만에 경질되었다.

52대. 안병만(2008. 08. 06. ~ 2010. 08. 30.)

오락가락 좌충우돌하며 성과를 하나도 못 내다. '검찰 기소 후 1개월 이내 징계의결 요구'라는 규칙을 내세워 전교조 교사들 중 검찰에 의해 시국선언, 민주노동당 관련 등 이유로 기소된 교사들을 징계하고, 이에 따르지 않은 경기도 김상곤 교육감을 직무유기로 고발하였지만 국정감사에서 그 규칙이란 것이 거짓이었음이 드러나 말썽을 빚었다. 또한 학업성취도 평가 결과를 지역 교육청별로 공개하여 교육청 간 무한 학력 경쟁을 유발시켰다. 2009년에는 시국선언 교사의 대량 해직을 시도하였다.

53대. 이주호(2010. 08. 31. ~ 2013. 03. 11.)

이명박의 남자, 주 5일제 수업 도입. 대통령실 교육과학문화 수석비서관과 교과부 차관을 지내며 이명박 정부 최고의 교육실세로 등극. 자신이 추진했던 내부형 교장공모제조차 정치논리에 밀려 축소하고 폐지하려 했다. 그의 가장 큰 업적은 '주 5일제수업 전면 도입'이라는 국민적 제도 개혁이었다. 한국과학창의재단 김윤정 단장과 협력하여 창의인성 교육을 활성화시키는 등 변화의 바람을 불러일으킨 것과 2014년부터 대학의 교직과목에 학교폭력 예방 과목을 의무화 한 것은 나름의 성과였다.

18대 대통령 _박근혜 정부의 교육부 (2013 .02. ~ 현)

54대. 서남수(2013. 03. 13 ~)

형을 형이라 못하다. 정통 교육부 관료이며 교육학박사다. 노무현 정부에서 교육부 차관을 지내고 박근혜 정부에서 교육부 관료 출신으로는 최초로 장관이 되었다. 그는 장관 인사청문회에서 '5.16이 군사 쿠데타인지 말할 수 없다'고 답변하여 야당 국회의원들의 질타를 받았다. 향후 서남수 장관 체제 교육부의 성격을 짐작하게 해주는 대목이다.

| 참고문헌 |

『교육은 살아있다』. 말과 창조사 | 김대유(2001)

『가끔 아이들은 억울하다』. 우리교육 | 김대유(2003)

『학교폭력 우리 아이 지키기』. 노벨과 개미사 | 김대유, 김현수(2006)

『교장공모제 정책결정과정에 관한 연구』. 경기대 박사학위논문 | 김대유(2008)

『참! 잘했어요』. 좋은생각 | 김대유外(2010)

「학생 징계 절차의 확립과 청소년 참여 방안」. 대한교육법학회 | 김대유(2010)

『웃기는 학교 웃지 않는 아이들』. 시간여행 | 김대유(2011)

『안철수 현상과 교육혁신』. 말과 창조사 | 김대유, 이인규(2012)

『다문화 교육의 이해』. 양서원 | 최충옥(2010)

『The Sociology of Erudition』. 공동체 | 최항석外(2012)

월간 「교육포럼」(2012~2013) 김대유의 교육 이야기

「신동아 49권 6호 통권 561호」_교육부 40년 출입 老기자의 대한민국 교육부 장관 48인論. | 김병옥(2006)

『21세기 성공 장관론』. 나남출판 | 김호균(2004)

『개발 시대의 경제학자』. 김&정 | 김덕중(2010)